A essência divina do
amor

Somos associados da **Fundação Abrinq** pelos direitos da criança.
Nossos fornecedores uniram-se a nós e não utilizam mão de obra infantil ou trabalho irregular de adolescentes.

A essência divina do amor

Copyright by © Petit Editora e Distribuidora Ltda., 2015

1-6-15-5.000

Direção editorial: **Flávio Machado**
Coordenadora editorial: **Isabel Ferrazoli**
Capa: **Danielle Joanes**
Imagens da capa: **Olesya Kuznetsova | Shutterstock**
Daniel Wiedemann | Shutterstock
Projeto gráfico e editoração: **Ricardo Brito | Estúdio Design do Livro**
Produtor gráfico: **Vitor Alcalde L. Machado**
Preparação: **Maria Aiko Nishijima**
Revisão: **Fernanda A. Umile**
Impressão: **Yangraf – Gráfica e Editora Ltda.**

**Ficha catalográfica elaborada por
Lucilene Bernardes Longo – CRB-8/2082**

Rossatto, Eduardo.
A essência divina do amor / Eduardo Rossatto. – São Paulo : Petit,
2015.
280 p.

ISBN 978-85-7253-296-9

1. Espiritismo   2. Psicografia   3. Romance espírita   I. Título.

CDD: 133.93

Direitos autorais reservados.
É proibida a reprodução total ou parcial, de qualquer forma
ou por qualquer meio, salvo com autorização da Editora.
(Lei nº 9.610, de 19 de fevereiro de 1998)
Traduções somente com autorização por escrito da Editora.

Prezado(a) leitor(a),

Caso encontre neste livro alguma parte que acredita que vai interessar ou mesmo ajudar outras pessoas e decida distribuí-la por meio da internet ou outro meio, nunca deixe de mencionar a fonte, pois assim estará preservando os direitos do autor e, consequentemente, contribuindo para uma ótima divulgação do livro.

A essência divina do *amor*

Eduardo Rossatto

Rua Atuaí, 389 – Vila Esperança/Penha
CEP 03646-000 – São Paulo – SP
Fone: (0xx11) 2684-6000

www.petit.com.br | petit@petit.com.br

"O que a memória ama fica eterno."

ADÉLIA PRADO

Sumário

1. Desterro, 9
2. Açorianos, 17
3. André, 31
4. Clara, 45
5. Lições, 53
6. A caravana, 59
7. Vera, 63
8. São Francisco Catarinense, 77
9. Dona Diná, 85
10. Abandono, 97
11. Amor inocente, 103
12. Novas lições, 117

13. Pedro, 121

14. Ambiguidade, 129

15. Rômulo, 133

16. Pescaria, 141

17. Saudades, 149

18. Um dia na praia, 153

19. Maria da Ilha, 163

20. Partindo, 169

21. A caravana continua, 173

22. Traída pela memória, 177

23. Turbilhão, 183

24. A Festa do Divino, 189

25. Amor, 193

26. A pesca de arrasto, 203

27. Na colônia espiritual, 215

28. Zé Perri, 223

29. Voltando para casa, 233

30. Tempestades, 237

31. Nova vida, 251

32. Novos caminhos, 255

33. Alegria de viver, 265

Fontes e bibliografia, 273

Notas, 275

1

Desterro

— *O poder de Deus cobre a Terra e, por toda parte, ao lado de cada lágrima, põe o bálsamo que consola.*[1] — orava o benfeitor espiritual.

Como fazia havia muito tempo, irmão Teodoro vinha à Florianópolis quase diariamente. Sendo um dos diretores de uma das colônias espirituais localizadas acima da ilha, ele sempre trazia consigo um discípulo para juntos rever amigos e supervisionar os trabalhos dos quais era padrinho espiritual.

Era de manhã, e havia uma luz morna banhando a ilha. Reinava ali a mais profunda paz e a doce melancolia de uma cidade do interior, pois,

---

[1]. Nota do autor: Allan Kardec. *O Evangelho Segundo o Espiritismo*, capítulo 6, item 8. São Paulo: Editora Petit.

com sua população pequena e esparsa, Florianópolis parecia uma cidade do interior, ainda que capital do estado.

— Conheci Nossa Senhora do Desterro — disse o benfeitor ao irmão Alberto, que o acompanhava — *e lhe digo uma coisa, quase nada mudou.*

— Concordo, senhor. *Terra mais que boa, e quem disser o contrário estará mentindo* — respondeu o discípulo.

Irmão Teodoro parou e olhou para aquele pedacinho de chão sobre o qual pisava; em seguida, levantou os olhos e ficou observando os habitantes, abençoando um por um. Orou para aquela moça tão preocupada comprando frutas de um feirante. Envolveu aquele senhor numa luz de amor e aquele outro que se sentou no banco da praça à espera de um dia melhor. Abençoou o moço que, nervoso, passava correndo não se sabe para onde.

— *Nossa Senhora do Desterro agora se chama Florianópolis* — disse Teodoro. — *Não faz mal, nada mudou, a não ser o nome. Cresceu um pouco, só um pouquinho, mas é a mesma terra e são as mesmas canoas a se lançar ao mar, as mesmas águas, os mesmos morros.*

O benfeitor observou um passarinho que havia pousado no gramado a fim de recolher gravetos para construir seu ninho. Admirou-se com as obras de Deus. Causava-lhe arrebatamento observar tanto as grandes quanto as pequenas obras do Criador.

Voltou-se ao irmão Alberto e exclamou:

— *Cada coisinha que Deus criou, seja um pássaro, ou uma formiguinha, carrega em si a sua centelha divina. Como não se deixar levar pela beleza do voo de uma gaivota? De um obstinado passarinho a recolher graveto por graveto para construir um ninho para abrigar seus filhotes? Como não se deslumbrar com a perfeição do corpo humano, com o coração que bate?*

Irmão Teodoro acrescentou, sorrindo:

— *Há a presença de Deus em toda a sua criação, em tudo o que Ele criou. De bondade, sabedoria... por isso, meu filho, é que acredito que não haja ninguém que não possua bondade interior. Há, no íntimo da alma de cada um, a presença de Deus como luz coagulada, e o tempo é que despertará na criatura a consciência dessa realidade.*

Irmão Teodoro pousou a mão no ombro do discípulo e sorrindo exclamou:

— *Irmão Alberto! Não me canso de me maravilhar com Deus. Isso pode parecer um tanto quanto sentimental, mas é verdade. Cada vez mais cresce em mim um profundo amor pelo nosso criador. A minha pequena compreensão do que é Deus me leva a admirar as Suas obras com mais intensidade e respeito. Sei da importância da mais alta de Suas criações quanto da mais pequenina delas — uma formiguinha, talvez, pois ela também tem seu papel, sua importância, assim como o vento, os pássaros, as lágrimas e a dor. Minha pouca compreensão do que é Deus me leva a ter outra abordagem em relação à vida. Cresce dentro de mim uma admiração que nem sei como lhe explicar.*

Irmão Alberto tinha os olhos rasos de lágrimas. Tudo o que era belo o emocionava. Ficou calado, pois o jovem discípulo já havia aprendido a sabedoria do silêncio.

Teodoro observava os garapuvus[2] plantados ao redor da praça que enchiam os olhos com seus cachos de flores amarelo--ouro, cobrindo de amarelo o verde das encostas dos morros.

Após alguns minutos de profunda quietude, o bom velhinho disse:

— *O tempo é uma bênção. Enquanto passava, escreveu-se a história do mundo e de cada um de nós, pois quem não tem uma*

---

2. Nota do autor: Garapuvu é a árvore símbolo de Florianópolis.

história para contar? Os nossos dramas, amores, lutas e dores se juntarão às histórias de outros habitantes da ilha, de paixões, calmaria e de felicidade. E, juntos, escreveremos a história da própria cidade de Florianópolis — cidade esta que acolheu as histórias dos sambaquieiros, dos carijós, dos espanhóis e portugueses, dos bandeirantes e piratas, dos açorianos, dos madeirenses e dos alemães.

Teodoro pousou seus olhos em Alberto e lhe disse:

— *Todos temos uma dor, ou uma alegria, para contar. Cada um de nós escreve um capítulo desse livro. E não há desfecho. A história sempre continuará, querido amigo. Assim sempre haverá o ser humano a contar a sua própria história, seja ela alegre ou triste, pois o espírito é imortal.*

O benfeitor, mergulhado em profundas reflexões, calou-se por um instante. Sentiu a brisa suave que vinha do mar a lhe acariciar o rosto. Ficou ali a observar as ondas que, ao se aproximarem da costa, quebravam na zona de arrebentação, deixando um rastro branco de espuma.

Caminhando até a beira da praia, irmão Teodoro sentiu a água fria a molhar seus pés. De súbito, virou-se para o jovem discípulo e lhe disse com ternura:

— *O tempo é um bom amigo, irmão Alberto. É o nosso benfeitor. O tempo é que irá nos ensinar a respeitar a vida e as Leis de Deus.*

Em silêncio, Alberto refletia sobre cada palavra.

— *O remorso é o único inferno do homem* — disse Teodoro.

Endereçou um olhar triste para um jovem encarnado que passou por eles, envolto em pesados fluidos espirituais, acompanhado de figuras sombrias.

— *Que dor! Haverá sofrimento mais pungente do que o remorso? E mais necessário para o processo evolutivo? Será que teríamos o desejo de reparação se não experimentássemos o remorso? Todo ser* — disse o benfeitor voltando a se sentar no banco da praça com o discípulo — *traz dentro de si o desejo de ser feliz. Cada um de nós possui essa vontade de evoluir, de ser melhor.*

Vinha do oceano o bramido das ondas batendo contra os cascos das canoas. Rente ao mar, uma gaivota voou suave entre os barcos em busca de algum alimento.

— Mas é importante — disse o bom velhinho, observando a gaivota —, *é imprescindível que esse remorso não seja estéril. Não basta o arrependimento, se ele não se faz acompanhado da correspondente reparação. É vivendo que os homens se darão conta da necessidade do reparo do mal, fruto de suas imperfeições. Todo homem pode libertar-se dessas imperfeições por meio da boa vontade, esforço e perseverança. Nas dores que experimentarão é que encontrarão os caminhos para a regeneração. O remorso virá em seguida, você sabe, "o mal praticado vem a cavalo...".*

— *E o remorso na garupa...* — complementou irmão Alberto.

Teodoro parou por alguns instantes e olhou para o discípulo, explicando-lhe com doçura:

— *Ninguém quer a dor, pessoa alguma deseja sofrer, mas, imperfeitos que somos, sofremos as consequências de nossas imperfeições. É preciso que haja a compreensão de que a reparação de nossos erros é possível. É essencial que as criaturas voltem seu coração para os ensinamentos do nosso Mestre Jesus, pois lá encontraremos os meios para nos redimir. Estamos nos distanciando cada vez mais do essencial, do que realmente é importante. Debatem-se temas de uma importância secundária. Os homens clamam aos berros que acreditam em Deus, embora seus atos não confirmem suas crenças; alegam amar Jesus sem saber que amando o próximo é que realmente se ama o Cristo. "O farisaísmo prossegue com outras rotulagens."*[3] *Os valores parecem que*

---

3. Nota do autor: Bezerra, Menezes de; Franco, Divaldo. *Em nome do amor*, Terceira Parte, capítulo 33, p. 248. Brasília: FEB.

estão invertidos, o feio tornou-se bonito e o irrelevante passou a ser o essencial. Não concorda, meu filho?

O discípulo, num gesto afirmativo com a cabeça à sombra da grande figueira, deixou transparecer uma profunda paz de espírito.

— *Sim, irmão Teodoro. Concordo plenamente com o senhor. É preciso resgatar os valores evangélicos. Penso que se perde um tempo precioso com picuinhas inúteis e estéreis, quando se faz necessária a volta à essência dos ensinamentos de Jesus. Reparou, irmão Teodoro, como para algumas pessoas tornou-se enfadonho e um tanto quanto piegas falar sobre Jesus?*

O benfeitor concordou com o amigo e passou a observar um vendedor ambulante que cuidadosamente arrumava os saquinhos de amendoim e pipoca sobre o tabuleiro. Um cachorro veio sentar-se quase aos pés de Teodoro, como se pressentisse a presença do benfeitor e sua prazerosa energia. O dia estava agradável, e do mar soprava uma brisa tão boa ao corpo quanto ao espírito. Ouviam-se os pássaros, que, pousados nos galhos da figueira, gorjeavam.

Teodoro virou-se para o discípulo, encantado com o pequeno cachorro que acabou adormecendo aos seus pés, e lhe disse:

— *Deus não quer que nenhum filho Seu sofra, que nenhum deles derrame uma lágrima sequer. Erram os que usam a palavra* **punição**, *ou* **castigo**. *Deus não nos castiga, não existe punição. Os sofrimentos pelos quais passamos são os meios pelos quais iremos evoluir. Alguns dizem que não é possível reparar os erros, mas, se assim fosse, estaríamos condenados ao inferno eterno que algumas religiões apregoam. Deus é misericordioso e, em sua suprema inteligência, nos dá quantas*

oportunidades forem necessárias para que possamos superar nossas mazelas e evoluir.

Irmão Teodoro levantou-se e foi caminhar um pouco, desta vez sozinho. Enquanto andava pelas ruas de Florianópolis, o benfeitor tinha como companhia suas próprias lembranças.

Lágrimas brotaram em seus olhos, pois estava mergulhado em profundas meditações. Aquela era a cidade que ele tanto amava! Era ali que travou batalhas contra o mal, onde tanto sangue jorrou. Naquelas casas e naqueles morros moravam os habitantes com os quais criara laços afetivos, e nas ruas, nas praças e nos cortiços de Florianópolis existia um pouco do seu profundo amor.

— Ah, amada terra! — falou um Teodoro, comovido. — *Amado bloco de argila e granito, divino pedacinho de chão. Terra das rendeiras de bilro e do caldo de camarão! Terra de histórias de muitas versões, afinal quem és tu? Diz-me, quem te descobriu: André Gonçalves ou João Dias de Solis? Quem és tu, misteriosa? E quem te deu o belo nome de Santa Catarina? Foi Francisco Dias Velho ou Sebastião Caboto? És bela, seja qual for a tua verdadeira história, terra mais que boa! Eterno Desterro, roço meus dedos pelas copas de tuas figueiras, habito tuas praias e matos, respiro teu ar mareado. Oh, Meiembipe, Ilha dos Patos, Baía dos Perdidos, Nossa Senhora do Desterro, Florianópolis! Terra abençoada! Minha cidade amada, grande para os que te habitam, pequena para os que não te chamam de lar!*

E mais uma vez admirou a suprema inteligência de Deus.

2

Açorianos

No alto de uma colina defronte ao mar, o bandeirante paulista Francisco Dias Velho e sua esposa dona Maria Pires ergueram em 1678 uma ermida[4] dedicada à Nossa Senhora do Desterro. Feita de pedra e cal, era uma construção alongada e estreita, com uma única porta dianteira. No adro, uma cruz de pedra.

O povoado, fundado pelo bandeirante em 1673, desenvolveu-se ao redor da pequena capela com casas de paredes de taipa e telhado de palha. Elevada à categoria de vila em 1726, recebeu a denominação de Nossa Senhora do Desterro.

Conta-se que certo dia um dos filhos pequenos de Dias Velho quis saber quem era Nossa

---

4. Nota do autor: Ermida: pequena igreja ou capela.

Senhora do Desterro. E como sempre fazia para instruir os filhos, ele lhes contou a história de que um dia um anjo apareceu para José, o pai de Jesus, mandando que ele levasse Maria e o filho para o Egito, pois Herodes iria matar a criança. Esse exílio, esse desterro, foi um ato de amor dos pais para salvar o Cristo e, principalmente, um grande sacrifício para Maria de Nazaré, que recebeu da religião católica, dentre muitos outros nomes, o nome de Nossa Senhora do Desterro.

Assim, a criança soube o significado do nome da aldeia onde morava e correu para contar aos irmãos e aos amigos, e, logo, não havia um habitante sequer do pequeno povoado que não soubesse quem fora Nossa Senhora do Desterro.

Eram duras as provações daquela época. Não bastassem o isolamento e a falta de todo tipo de conforto, ainda havia a iminente ameaça dos ataques de piratas, que constantemente atacavam a ilha, saqueando-a e causando todo tipo de desgraça.

Foi numa dessas provações que, em 1687, um grupo de corsários prendeu Francisco Dias Velho. Levaram-no até a amada ermida que ele e a mulher fundaram e o mataram com um tiro na cabeça.

Após o desencarne do fundador da póvoa de Nossa Senhora do Desterro, poucos permaneceram na ilha; quase ninguém. A família de Dias Velho, por sua vez, voltou para São Paulo.

Com o tempo, os poucos habitantes que lá ainda moravam voltaram a se ocupar dos afazeres diários e um ou outro ainda se lembrava da capela que o velho bandeirante e sua mulher haviam construído.

Abandonada, ela cedia pouco a pouco. Era uma tristeza só. Pássaros ali fizeram ninho enquanto aranhas teciam teias. O ferro enferrujou. O mato rasteiro alastrou-se por toda a capela e ervas daninhas brotaram das rachaduras e fendas.

O pó tornou-se seu habitante egoísta, pois se apropriava de cada centímetro, consumindo o que antes fora tão belo.

Desde sempre, nunca houve conceito mais incompreensível para os seres humanos do que o tempo. De maneira simplista, dizia-se que ele nada mais era do que a sucessão ordenada de eventos. Calculava-se o tempo a partir do movimento do planeta, considerando um dia a rotação dele ao redor de si mesmo. Um ano nada mais era do que o tempo que a Terra levava para dar uma volta completa ao redor do Sol.

Entretanto, algo pareceu sempre nos escapar, pois esse cálculo do tempo não nos dizia o que ele era de fato.

A dificuldade em definir o tempo foi descrito por Santo Agostinho, que dizia que, se ninguém lhe perguntasse, ele sabia o que era o tempo. Mas, se desejasse explicá-lo a alguém que lhe perguntasse, já não sabia mais.

No entanto, o tempo existia e por ele passávamos. J. W. Dunne, um engenheiro e matemático inglês, afirmava que o tempo era estático e não se movia, portanto não existia o que passamos a chamar de presente, passado e futuro. Dizia o inglês que não era, portanto, o tempo que passava por nós, mas nós que passávamos por ele. Seriam as pessoas que iriam mudar, a caminho do progresso e da perfeição, de crianças para adultos, de ignorantes para sábios. Era o nosso movimento que nos dava a impressão de que o tempo passava. O tempo, contudo, continuaria a ser o mesmo.

E era o tempo, não obstante as diferentes opiniões sobre o tema, que, incansável, cedia sua tenácia às águas para vencer a solidez das pedras. Envelhecia, trazendo sabedoria e a suprema renovação. Eterno, garantia a continuidade da vida, pois, ao término de um dia, outro amanhecia.

O tempo parecia que de fato existia, materializando-se no pó que se acumulava sobre os móveis. Sobre a cabeça dos humanos, embranquecia os seus fios de cabelo. Os poderosos caíam e viravam estátuas em parques e museus. Os palácios tombavam em ruínas, como as folhas secas no outono.

E foi com o tempo que passou que a póvoa de Nossa Senhora do Desterro caiu no abandono. Poucos ali moravam, até que o governador da capitania da Ilha de Santa Catarina, José da Silva Paes, sugeriu o transporte de casais do arquipélago dos Açores e de Madeira para povoar Desterro, visto que nessas ilhas os habitantes passavam por graves problemas de seca, fome e abalos sísmicos.

D. João V, rei de Portugal, concordou com a sugestão de Silva Paes e, em 31 de agosto de 1746, deu a ordem para que quatro mil famílias fossem transportadas até a ilha de Santa Catarina sob a condição de que todas as pessoas fossem católicas e os homens tivessem até quarenta anos e as mulheres, trinta. Receberiam do governo português uma espingarda, duas enxadas, dois alqueires de sementes, duas vacas e uma égua.

A triste realidade dos habitantes das nove ilhas que formavam o arquipélago dos Açores fez com que mais de seis mil famílias se inscrevessem para povoar uma distante ilha sobre a qual nada sabiam. Com tantos inscritos, novos critérios foram criados para a escolha final.

Em 6 de janeiro de 1748, a pimeira leva de açorianos chegou à Ilha de Santa Catarina na galera chamada Jesus, Maria e José. Após três meses de viagem em condições precárias, doze pessoas desencarnaram. O primeiro contigente de quatrocentas e sessenta e uma pessoas foi recebido pessoalmente por Silva Paes.

No segundo transporte, oitenta e quatro pessoas não chegaram vivas à ilha.

No total, dos seis mil, novecentos e vinte e três açorianos que embarcaram rumo ao Sul do Brasil, mil e oitenta e cinco deles desencarnaram durante as viagens. A alta taxa de mortalidade foi causada pelo descaso dos proprietários dos navios, que, para aumentar os seus lucros, não compraram comida suficiente para todos. À falta de alimentos, água e higiene, juntou-se o problema de falta de espaço nos navios para tantos passageiros, que dormiam sobre o piso úmido e frio dos porões, o que lembrava muito o transporte de escravos africanos para o Brasil.

Entre 1748 e 1753, cerca de sete mil açorianos e madeirenses chegaram ao Sul do Brasil, dos quais mil e quinhentos ficaram em Desterro e os demais foram para São Francisco e Laguna.

O começo foi muito difícil. A melancolia, traço característico dos açorianos, acentuou-se penosamente. Nunca a sensação de exílio foi tão pungente. Os que vieram da Ilha de Santa Maria sentiam falta das suas praias quentes e da areia branca, enquanto os outros, de São Miguel, tinham saudade dos lagos vulcânicos e de suas águas termais.

Não era raro vê-los fitando o oceano, horas a fio, como se vissem sua amada Açores na imensidão do Atlântico.

Acostumados à solidão geográfica, os açorianos embriagavam-se agora de um sentimento de solidão que jamais sentiram. Reuniam-se entre eles para matar a saudade em rodas de cantoria.

Dos açorianos, herdaram-se o linguajar e o sotaque peculiar, a cerâmica, a renda de bilro e o forte sentimento de religiosidade, além das festas e tradições culturais que se incorporaram aos costumes locais.

Eram gente do mar, viviam da pesca. A chegada dos açorianos coincidiu com a implantação e desenvolvimento das armações de baleia na ilha, passando assim muitos deles a praticar esse trabalho em alto-mar. Aprenderam com os índios a plantar a mandioca e a consumir sua farinha, que desconheciam. Em suas casas, usavam óleo de fígado de peixe para acender as lamparinas. Toda casa de um imigrante açoriano tinha um tear, e as mulheres eram responsáveis pela tecelagem, assim como pela criação dos filhos.

E, com o passar do tempo, todos foram se acostumando com a nova vida. Novos casais se formaram e outros imigrantes de diferentes nacionalidades chegaram à cidade.

A pequena Desterro era agora lar para muitos habitantes que viviam principalmente nas freguesias de Nossa Senhora das Necessidades, da Lagoa e do Ribeirão da Ilha. Criaram laços afetivos com aquela terra que, à medida que o tempo passava, parecia ainda mais bela.

Até 1748, os habitantes da freguesia de Nossa Senhora das Necessidades eram paulistas, portugueses e escravos. O aumento da população deu-se com a chegada dos açorianos, totalizando 75% da população livre.

A Igreja combatia certos costumes dos imigrantes, que insistiam em manter suas tradições. Uma delas era a antiga tradição dos casais açorianos de se casarem apenas após o batizado do filho mais velho, ao que chamavam de "rapto". Além da crença em bruxas e lobisomens, mantiveram vivas a tradição das festividades em honra ao Divino Espírito Santo.

Certo dia, um rapaz chamado Frederico contemplava a beleza do voo dos atobás, que, a poucos metros dos barcos, plainavam em círculos. O jovem maravilhou-se quando viu como os pássaros espreitavam a superfície do mar para então mergulhar velozmente na água, em um gesto brusco, e emergir do mar triunfantes, com o peixe entre o bico pontudo e serrilhado.

Frederico era paulista e em nenhum momento arrependeu-se de ter vindo tentar a sorte em terras tão distantes, visto que a beleza da ilha compensava todas as dificuldades em viver em um lugar tão isolado e pobre. Ele não tinha do que reclamar, pois possuía um sítio e dez escravos. A produção e venda da farinha de mandioca, além de peixes e frutos do mar, rendiam-lhe lucros que faziam dele um homem muito rico.

Alegrou-se com a chegada dos casais açorianos e logo fez amizade com aquele povo gentil e trabalhador. Apaixonou-se profundamente por uma moça açoriana de nome Ana, com quem teve um filho chamado Ricardo.

Nessa época, a freguesia passara a se chamar Santo Antônio de Lisboa. O convívio com a família de Ana mostrou-lhe como os açorianos eram carinhosos e inteligentes, embora fossem quase todos analfabetos. Aprendeu a admirar suas tradições e, a pedido da amada, passou a carregar dentes de alho no bolso, pois ela acreditava piamente que aquilo manteria as bruxas a distância.

Frederico foi testemunha do difícil começo para aqueles que conviviam diariamente com a saudade, pois era visível para ele o quanto sentiam falta de Açores.

Um deles, Orlando, tornou-se um dos seus mais queridos amigos. Não raro, eram vistos juntos passeando à beira-mar, ao cair da tarde.

Para o jovem açoriano, aquela era a melhor parte do seu dia, pois, aos poucos, iam surgindo no céu pequenos diamantes a brilhar intensamente. Ele os contemplava com os olhos rasos d'água.

— O que você acha que são estas coisinhas brilhantes, Frederico? — perguntou Orlando, sentando-se junto ao amigo em uma grande pedra, não se importando com a espuma salgada a salpicá-la, quando o mar batia em cheio sobre ela.

— Curioso você perguntar isso — respondeu Frederico, pousando as mãos no joelho. — Ana me fez a mesma pergunta.

Ele não soube responder o que eram aquelas coisas brilhantes lá no céu, pois isso não lhe interessava.

Os negócios estavam prosperando de tal forma que pretendia comprar uma casa no centro de Desterro. Explicou ao amigo que, como Ana era filha de açorianos, cumpririam a tradição do rapto, casando-se apenas após o filho mais velho ter sido batizado.

Orlando fixou em Frederico seu olhar. Um pensamento lhe veio à mente, tentou desviá-lo, pois não era um bom pensamento. Embora tentasse reprimir o que sentia, sentiu inveja do amigo que lhe pareceu haver conseguido tudo o que Orlando almejava. Conheceu Ana e o filho Ricardo e achou a moça a mais formosa de todas as mulheres da ilha.

Orlando tinha a pele morena, cabelos pretos encaracolados e exibia olhos grandes e expressivos; pareciam brilhar como as estrelas, pois estavam sempre úmidos, como se a qualquer momento fosse cair em prantos. Não era triste, mas sofria de melancolia, pois às vezes um estado de languidez apoderava-se dele.

Como todo açoriano, falava baixinho e movia-se devagar. Desejava ter uma casa no centro de Desterro, um sítio e muitos escravos; tudo o que lhe fosse de direito, pois o jovem acreditava que tinha esse direito, porque também era filho de Deus.

Orlando se encontrava em uma situação muito melhor do que quando morava na Ilha de Santa Maria, onde por várias vezes passou fome com a família, pois viviam em extrema penúria. Poderia se dizer que era um homem feliz agora, já que havia conseguido seu próprio barco e fregueses por toda a região, e os pais nunca mais passaram fome, dando para viver sorrindo e a cantarolar antigas canções açorianas.

Contudo, Orlando vivia o tormento causado pela inveja. Nunca aprendeu a se contentar com o que lhe era devido, e era uma agonia se sentir assim. Nunca soube o que era a paz de saber contentar-se com o que tinha, guardando no íntimo a inquietude de desejar o que não possuía, o que lhe roubava a paz.

A amizade dele com Frederico amadureceu com grande rapidez. Costumavam passear pela praia junto com Ana e o filho Ricardo. Um dia, reparou como ele a enlaçou pela cintura, chamando-a de seu amor.

Quando escurecia e as estrelas iam se acendendo no céu, os dois amigos tinham o costume de ir até um penhasco de onde se tinha uma vista magnífica de toda a baía. Deitavam-se na relva molhada de sereno e, em silêncio, observavam as estranhas luzes piscando no céu.

Certa vez, os dois amigos andavam à beira-mar. Era quase noite, e as primeiras estrelas surgiam no céu, como por encanto.

As ondas quebravam e se espalhavam sobre a praia sua espuma salgada e, ao recuar, deixavam para trás conchas e pedregulhos.

Frederico tocou-lhe de leve no braço para chamar a sua atenção para a Lua, que estava magnífica naquela noite.

— Ana me disse que o luar sempre a fascinou, desde o tempo de menina lá em Açores.

E em tom de emocionada confidência íntima, falou sobre o quanto a amava.

— Ana me faz muito bem, e acho que é isso o amor, seja entre um homem e uma mulher, ou entre amigos: um fazer bem ao outro. — E prosseguiu, mas desta vez falando baixinho, como se contasse uma intimidade do casal: — ela gosta de escutar o meu coração quando deita a cabeça no meu peito...

Orlando enfiou os pés na areia. Ninguém nunca havia escutado o seu coração. Desejou ardentemente um dia poder passar os dedos por entre os cabelos de uma moça enquanto ela desvendava os segredos das batidas do seu coração.

Ao olhar para Frederico ao seu lado, Orlando reparou como eram elegantes os seus gestos. Tentou imitar o modo como ele alisava o bigode, de como pousava as mãos no joelho ao se sentar. Pareceu-lhe que a vida de Frederico era de total felicidade, pois ele tudo possuía.

Um sentimento de injustiça lhe roubou a paz. Pareceu-lhe injusto o amigo possuir tudo o que ele sempre sonhou.

"Se Deus é igualmente bondoso e justo com todos os seus filhos", pensou ele, reparando como Frederico se movia em elegantes gestos, "por que então criou os pobres e os ricos? Por que havia tantos miseráveis estendendo as mãos por um pedaço de pão, a esmolar moedas, quando os ricos gozavam de

todo tipo de sorte? Até as mais formosas damas eles possuíam!",
pensou, suspirando profundamente.

Orlando achou que não era justo.

Como ainda era cedo, convidou Frederico para passear de barco, pois havia uma canoa ali na praia.

Ondas suaves batiam de encontro ao casco à medida que Orlando remava para longe da praia. Ouviu o amigo a lhe contar sobre Ana e de sua profunda alegria em estar apaixonado. Contou-lhe como parecia conhecer a moça de algum lugar.

— Já teve essa sensação, Orlando? — perguntou o jovem paulista, sentado de frente para o açoriano, que se sentou na proa.

— Essa sensação estranha de já ter conhecido uma pessoa, de aquela não ser a primeira vez que a encontra? — prosseguiu Frederico. — Pois foi como me senti ao encontrar Ana. Ela me confidenciou ter sentido o mesmo e também não soube explicar o que era essa curiosa sensação de já conhecer uma pessoa, antes mesmo de lhe ser apresentada.

Orlando parou de remar, subitamente. Cravou os olhos no amigo que, sentado confortavelmente, lhe dizia coisas sobre as quais não tinha o menor interesse. Seus braços doíam por remar enquanto Frederico estava confortavelmente sentado, com as mãos apoiadas em um dos joelhos. O suor inundava sua face, enquanto nem uma gota de suor escorria no rosto do amigo sentado à sua frente.

Não lhe pareceu justo. E, desde então, nunca mais lhe foi dado saber o que era paz no coração.

Tinha um dos remos em suas mãos. Deslizou seus dedos pela haste úmida, agarrando-a com força.

Ouviu o amigo a falar de Ana e de como estavam apaixonados. Reparou como Frederico pareceu-lhe feliz e, notando como seus olhos brilhavam ao falar da moça, pensou como seria bom tê-la para si, em seus braços, imaginando a felicidade que seria quando ela escutasse o seu coração, confidenciando-lhe que o amava. Desejou cuidar do filho dela, pois notou o quanto o garoto gostava da sua companhia.

Achou que merecia ser feliz. Com Ana ao seu lado, a tristeza que sentia não mais o incomodaria. Nem a dor física perturbaria a sua paz de espírito. Não mais caminharia solitário à beira-mar com os olhos tristonhos, o coração apertado.

Orlando gostou do futuro que vislumbrou. Cresceu dentro do rapaz um desejo incontrolável de ser feliz! A esperança de uma vida melhor longe dos tormentos da solidão e da pobreza, com um filho para lhe alegrar os dias e uma esposa para amar. Lembrou-se das palavras de Frederico e concordou plenamente com elas: o amor era um fazer bem ao outro.

Gostaria imensamente de um dia ouvir alguém lhe dizer: "você me faz muito bem...".

Como desejou ser amado! Como acalentava este estado de suprema felicidade que era amar e ser amado!

E uma profunda tristeza apoderou-se do seu coração. Orlando agarrou um dos remos com firmeza. Os nós dos dedos embranqueceram.

— A melhor coisa do mundo — Frederico disse, com uma alegria que incomodou o açoriano — é amar e ser amado. Não há felicidade maior, meu amigo.

Foi um gesto rápido, sem pensar. Um impulso. Orlando levantou um dos remos que tinha nas mãos e com um só golpe atingiu a cabeça de Frederico, que tombou desfalecido.

Pronto, estava feito, e nada poderia alterar o que havia acontecido. Nem uma vírgula poderia ser mudada, um grito de dor sequer. Nem uma lágrima derramada, nem o pavor em ver a cabeça do amigo banhada em sangue.

Ante o impacto do momento perturbador, tentou tapar os ouvidos para não ouvir o som do corpo caindo ao mar. As águas se agitaram, subitamente.

Ao levantar os olhos para o alto, viu como as estrelas eram belas.

Então esticou um dos braços como se desejasse tocá-las.

3
André

Em 1928, Florianópolis era ainda pequena, quase uma aldeia. Para alguns, a cidade era um tanto quanto triste, triste como uma tarde de domingo. Pois era lá, e onde mais seria, que as tardes eram longas, intermináveis e sonolentas. Era lá que se ouviam suspiros de um-não-sei-o-quê, de saudade talvez. Era ela, a melancolia, herança dos açorianos, a cobrir a ilha com sua névoa úmida, saudade atávica que doía no peito.

O desterro, o exílio. Era por isso, diziam alguns, que eles tinham aquele olhar meio triste, meio distante.

A vida era difícil para os moradores, principalmente para os que viviam a leste da Praça XV, onde moravam os mais pobres. Nos cortiços humildes, pescadores se misturavam às lavadeiras, que eram vizinhas das prostitutas e dos mendigos. Em Figueira, Tronqueira ou Toca eles moravam, de onde se ouviam os batuques dos terreiros de umbanda e onde se fazia serenata ao luar.

Lá moravam as moças que faziam promessas para arrumar namorado: um ano inteirinho sem tomar limonada e pronto! Já podiam encomendar o vestido de noiva.

Habitavam aquelas casinhas humildes os negros sofredores, cantando na soleira das portas as modinhas de amor que ouviam... a maioria nem sabia ler. Era ali próximo, no canal da Fonte Grande, no Rio da Bulha, que as mulheres, ajoelhadas na ribanceira do rio, lavavam as roupas, batendo os tecidos com fúria contra as pedras.

Em dias de chuva, tudo ali se transformava num lamaçal; as mulheres corriam de um lado para outro carregando baldes e gritando "Piedade, Senhor, piedade!".

Era onde se encontrava a gente do mar, pescadores e marinheiros. Havia mulheres que liam cartas e outras que benziam com arruda e banho de sal grosso. Caso precisasse, era lá que os rapazes encontrariam diversão, pois era onde morava madame Lalá. As crianças brincavam nuas; o lixo se espalhava por todo canto, mal se sabiam noções básicas de higiene, mas ali se rezava com fervor! Eles não sabiam ler nem escrever, mas cantar que é bom, todos sabiam!

Eram eles, e quem mais seria, aquelas pessoas felizes e barulhentas a se banhar nas águas calmas da praia do Vai Quem Quer. Eram essas as pessoas que trabalhavam para os ricos, que moravam a oeste da Praça XV, na Praia de Fora ou Mato Grosso, nos seus palacetes de costas para o mar.

O mais profundo silêncio habitava aquelas casas, pois pessoas dessa classe social falavam baixo, e quase nunca riam, pois não deveriam se expor, visto que tal atitude era, geralmente, das classes menos favorecidas.

Era a Florianópolis dos anos 1920 e, se pudéssemos nos transportar de volta, mal a reconheceríamos.

Existia mar, onde o mar sempre existiu. Ainda se pescava ao lado do Mercado Público, ou no Cais Rita Maria. Ainda havia o namoro do gargarejo, em que o rapaz ficava na calçada e a moça na janela.

Pouco se falava e pouco se sabia do resto da ilha, mas os seus habitantes já a amavam. Uns ainda a chamavam carinhosamente de Desterro, apesar de o nome ter mudado para Florianópolis em 1894, infelizmente. Homenagear o carrasco, eis o que indignou a todos, pois Floriano Peixoto tinha sangue de centenas de filhos dessa terra em suas mãos. E diziam: "Tudo menos homenagear Floriano, isso não!".

— Florianópolis vem de *flor*, não de Floriano! — diziam os moradores.

Os jovens davam volta ao redor da figueira, sendo que os rapazes eram chamados de almofadinhas e as garotas de melindrosas. Debaixo da figueira na Praça XV, idosos ficavam fofocando e colocando apelidos em todo mundo, "mastigando a dentadura", como se dizia na época.

Namorados apaixonados tiravam fotos na Praça XV com o lambe-lambe[5], tendo ao fundo o trapiche Miramar. Apaixonados, os almofadinhas e as melindrosas faziam juras de amor aos pés da figueira, esta que já era majestosa e se situava quase

---

5. Nota da editora: lambe-lambe, antigos fotógrafos de praça pública.

à beira-mar, mal sabia ela que os homens a distanciariam um dia do tão amado mar, a pobre figueira.

❧

Do lado oeste da Praça XV, André mal tocara no café da manhã. Elegante no seu terno de linho, o jovem não se sentia bem. Sua irmã, Vera, logo percebeu que algo o inquietava e esperou que os pais saíssem da mesa para perguntar.

Estendeu a mão para apertar a dele. Notou o modo como André alisou seu bigode e afagou seu cavanhaque, recostando a cabeça no espaldar da cadeira.

O jovem parecia estar mergulhado em pensamentos melancólicos, pois tinha um olhar triste. Pela janela entreaberta, ele acompanhou com o olhar um passarinho que cruzou o jardim num voo raso. Notou que garoava e suspirou profundamente, fechando os olhos.

Sentindo a mão amiga da irmã a apertar a sua, disse-lhe para não preocupá-la:

— Não é nada, Vera, dormi mal, minha irmã. É só isso, dormi mal.

Saiu cedinho de casa naquela manhã. Abriu seu guarda-chuva e foi caminhar, pois precisava pensar.

Era fraca a chuva que caía, fininha e fria. Era mais uma garoa do que chuva, mas era um alento vê-la caindo. Água que vinha do céu! Crianças aprendiam que eram as lágrimas de Deus. Os mais espiritualizados agradeciam a bendita água que lavaria as mazelas humanas, enchendo os baldes daqueles que dela necessitavam. Os negociantes do Centro já não viam assim, pois a chuva espantava os fregueses; porém, ela não dava atenção aos homens e, indiferente, divina e bela, continuava a cair sobre a ilha.

Era bom caminhar pelas ruas molhadas. André sentiu o vento a bater no seu rosto e por pouco não perdeu o seu chapéu. Aquele era o vento sul, que encrespava oceanos e levantava a saia das moças.

Quando chegou à Praça XV, não se importou que o banco da praça estivesse molhado e sentou-se pousando as mãos nos joelhos, como tinha o costume. Havia parado de chover. Ao consultar o relógio, viu que era cedo para ir até a fábrica do pai; então aproveitou o tempo para observar as pessoas que por ali passavam. Gostou de observá-las, algo que nunca tinha feito antes. Notou que algumas delas tinham a cabeça baixa e as mãos nos bolsos dos casacos; pareciam preocupadas. Uma moça passou por ele segurando um bebê no colo, que choramingava; outra apontava com a mão o lado direito para um suposto turista perdido na cidade. Um vendedor ambulante armava sua barraca de frutas, e André ouviu o seu assobio.

Pareceu-lhe que a cidade amanhecera como ele, triste. Achou Florianópolis de uma melancolia típica de uma tarde de outono.

O jovem pensou se realmente a cidade era triste de fato ou se ela lhe parecia triste porque ele assim se sentia. Certa vez, ouviu um de seus tios falar sobre o assunto, alegando que o nosso estado de espírito justificaria o modo como enxergávamos a realidade.

— Assim — dizia o tio de André —, como a beleza está nos olhos de quem a vê, a realidade também está nos olhos de quem a vê. Uma pessoa enxergará o dia triste, se triste estiver.

André achou o dia cinza, melancólico, pois assim estava se sentindo.

Recostou a nuca no espaldar duro e úmido do banco da praça, sentindo-se desnorteado, perdido. Pensou como a vida era estranha e irônica, ele tinha a ilha aos seus pés, pois não eram raros os amigos que se aproximavam dele esperando favores e posição social; mulheres se diziam apaixonadas, com seus vestidos comprados em São Paulo e perfumes vindo de Paris, e, no clube, não faltavam apertos de mão e trocas de gentilezas.

Herdeiro de uma das maiores fortunas do estado, foi se apaixonar por Clara, a moça cujos beijos André acalentava durante o tempo todo e cujo toque o arrepiava. Pele alva, levemente rosada. Lindos olhos verdes os de Clara.

Apesar de a chuva ter passado, o vento ainda soprava forte, agitando as folhas das árvores. Tentou afastar as preocupações da mente, fixando o olhar na copa de uma árvore, que pareceu ganhar vida com a ventania. Mas em vão, pois após alguns minutos, as preocupações voltaram.

Como iria ser o namoro com Clara? O que responderia quando seus pais perguntassem onde ela morava e onde trabalhava? Pois eles iriam perguntar, o jovem sabia.

A aflição do rapaz se acentuava à medida que crescia dentro de si o desejo de contar a todos que namorava uma moça pobre, e que disso não se envergonhava. Uma vontade de gritar que amava aquela que lhe fazia tão bem, pois nunca fora tão feliz, como era com Clara. Pareceu-lhe que a sua companhia trazia à tona o melhor dele, pois se sentia mais interessante, confiante e seguro de si. Ao seu lado, ele descobriu que era possível ser feliz, a tal felicidade que ele sempre perseguiu.

Contudo, André sofria porque intimamente sabia que não teria coragem para apresentá-la aos pais e aos amigos. Conhecia bem a sua família e a sociedade de Florianópolis. Ele era rico e ela era pobre. Como apresentar uma namorada pobre aos amigos? Não sabia o que era a pobreza. Nunca havia prestado atenção aos miseráveis da cidade, nem mesmo sabia que existiam tantos deles. Embora fosse gentil e cortês com os empregados da fábrica, as regras sociais exigiam um afastamento dos menos favorecidos, o que de certo modo o alienou. Ouviu falar que famílias inteiras moravam em quartos de cortiço, onde havia um só banheiro para todos. Jogavam todo o lixo no mar e, para obter água, recorriam às fontes públicas. Ouviu de uma das empregadas de sua mãe que brancos e negros conviviam harmoniosamente.

"Meu Deus, será que é nesse mundo que Clara vive? É lá nos cortiços que mora o meu amor?", pensou ele, amargurado.

E perguntou a si mesmo:

"Por que as pessoas vivem nesses lugares? Por que não se mudam? Há tantas casas boas e decentes para morar. Será que não querem trabalhar? Talvez meu pai esteja certo, eles é que não querem trabalhar. Nesta vida, só é pobre quem quer".

André levantou-se. Resolveu caminhar até a praia, ao lado do trapiche. O mar sempre teve o poder de acalmá-lo. Acompanhou uma gaivota em um voo solitário e desejou poder voar.

"Se eu fosse uma gaivota", pensou ele, em voz alta, "voaria baixo para que meus dedos pudessem roçar a superfície das águas, deixando atrás de mim pequenas ondas..."

Então, apoiou os cotovelos na mureta do trapiche, sentindo o cimento molhado, gelado.

— Então é isso o amor — perguntou ele em voz alta, tristonho —, o sentimento de que os poetas tanto falam? É isso o tal do amor? Essa dor? É o amor, dor?

Olhou para o lado e viu o recém-inaugurado Bar e Restaurante Miramar, onde aqueles da classe social de André se encontravam. Reduto da boêmia e de ferrenhas discussões políticas, era onde comentavam as últimas matérias da revista catarinense *Terra*, onde a elite via e era vista; local onde se podia comer o melhor pastel de camarão de toda a ilha nas mesas cujos pés tinham a forma de golfinhos.

Dali se podia avistar a recém-inaugurada ponte Hercílio Luz, que, desde 1926, já ligava a ilha ao continente. Antes de ela existir, era ali no trapiche Miramar que atracavam as balsas que faziam o trajeto ilha-continente, cujo percurso levava em média doze minutos, se o tempo estivesse bom. A balsa, que muitos chamavam de lancha, tinha a primeira viagem às sete horas da manhã. Uma dessas lanchas, chamada de Zury, fazia o percurso até as nove horas da noite durante o verão. Era romântico cruzar o mar rumo ao continente nas lanchas noturnas, pois ao cair da noite acendiam-se os candeeiros e sua chama refletia-se nas águas tranquilas do estreito.

Miramar[6], o ponto de encontro preferido dos ricos de Florianópolis, era frequentado pela elite, jornalistas e escritores, em cuja decoração predominavam linhas ecléticas, elementos neoclássicos e insinuações em *art-déco*.

No portal de acesso, havia um vitral na parte alta da fachada e, ao redor da platibanda, o desenho de dois golfinhos.

---

6. Nota do autor: Tanto o trapiche quanto o Bar e Restaurante Miramar foram demolidos em 24 de outubro de 1974 durante a construção do aterro da baía sul.

Nas laterais do trapiche, duas escadas levavam aos barcos que ali atracavam.

Com o mar ali, tão próximo a lhe banhar os pés, era magnífico olhar para a Ponte Hercílio Luz do Miramar, cujo trapiche adentrava o mar por cerca de vinte metros.

O cais municipal anexo ao bar, com suas regatas aos domingos, recebia os mais charmosos herdeiros e as mais finas moças da sociedade.

André lembrou-se de que a corrida de cavalos no bairro de Trindade já não mais seduzia os ricos e influentes. A canoagem virou o esporte favorito da elite, e os rapazes competiam pelos seus clubes: o Clube Náutico Riachuelo, com a cor azul e branca, o Clube Náutico Martinelli, que vestia as cores vermelho e preto e ainda havia o Clube Náutico Aldo Luz, com seu uniforme branco e vermelho. As moças não podiam participar das competições, pois o papel delas era torcer pelos seus times. Vestiam as cores do seu clube de coração e tinham os remadores como verdadeiros ídolos.

Lembrando-se da animação das moças, André esboçou um sorriso, pois eram para ele os aplausos e gritos de incentivo. Vitorioso em inúmeras regatas, competia em um barco com quatro remadores e um timoneiro ritmando as braçadas por meio de um leme. Havia ganho inúmeras medalhas; contudo, naquela manhã, nada daquilo tinha muita importância.

Sentou-se no piso molhado do trapiche. Pousou as mãos nos joelhos, desviando para o chão o olhar tristonho.

Ouviu passos e o assoalho de madeira rangeu; era apenas um pescador que cantarolava uma canção. Sem saber por que, pois a memória tinha dessas coisas, a canção que ouviu o transportou de volta ao tempo quando ainda era adolescente.

Foi nesta época que começou a jogar tênis, já que a elite não prestava muita atenção ao futebol.

André se recordou de que até 1919 o jogo de futebol chegou a ser proibido no estado, pois os médicos acreditavam que tal esporte não fazia bem à saúde.

Pousou seu olhar em um barco ali ancorado, mergulhado em recordações que o lugar lhe trazia.

Dizem que em cada encontro há um pouco de destino, pois foi no trapiche Miramar, depois de uma regata na qual foi o capitão do time vencedor, que André conheceu Clara. E foi também nesse dia que a cidade pareceu mais bonita do que já era. Era como um perfume no ar, ninguém soube explicar, existia uma luz diferente; até os habitantes de Santo Antônio de Lisboa perceberam. Ou não foi nada mesmo, apenas o dia que amanheceu bonito?

O certo é que para André e Clara o dia foi diferente e inesquecível, pois foi o dia em que se conheceram, quando ele, ao se desviar do garçom, tocou no braço dela. Ela, cuja boca negou, mas cujos olhos não: estava apaixonada!

André caminhou pelo trapiche, pensando em como era reconfortante pisar em terreno familiar; ali havia muitas recordações que tocavam fundo o seu coração, pois cada centímetro daquele lugar trazia em si uma lembrança. Fora ali no canto esquerdo do trapiche que ouviu Clara lhe confidenciar que amava poesia. Na mureta de proteção do terraço, foi onde ela se apoiou para mirar a ponte, deixando sua bolsa em cima da balaustrada. Nos degraus que levavam ao mar, perto de onde os barcos aportavam, ele roubou um beijo dela.

Lembrou-se da moça, tímida, a aceitar o convite para passear de barco, logo depois de ele ter participado de uma competição. Estava ainda com o uniforme da equipe. Sentaram-se em extremidades opostas, um olhando para o outro.

Embora acanhada, Clara sentiu um impulso de alegria quando o barco moveu-se aos movimentos dos remos. A água estalava ao bater no casco. Aos poucos, o trapiche foi se distanciando, e pareceu-lhe que, de longe, a ilha era ainda mais bela.

Ele lhe contou sobre a sua vida: do trabalho na fábrica do pai, dos campeonatos de natação, regatas pelo Martinelli e viagens a São Paulo. Falou que amava jogar tênis e que era sócio do Lira Tennis Clube, e ainda lhe contou sobre a irmã Vera e de Toy, seu cachorrinho.

André sentia que precisava falar tudo sobre si e rapidamente, como se tivesse medo de que o momento passasse e, com ele, a magia. Falava e remava ao mesmo tempo, deixando claro que a companhia dela lhe fazia muito bem, e disse repetidas vezes:

— É como se eu já a conhecesse! Tem certeza de que não estudamos na mesma escola? Não frequentamos o mesmo clube? De onde a conheço, meu Deus! Será verdade que em cada encontro há um pouco de destino?

Clara nada disse, apenas sorriu para o rapaz e pousou as mãos no colo, observando o moço à sua frente, com os remos nas mãos, a lhe falar sobre sua vida. Reparou nos cabelos loiros, na sua pele branca. O bigode e o cavanhaque lhe conferiam um ar sério, embora os olhos fossem os de uma criança, grandes e expressivos. Notou uma pequena pinta que ele tinha no pescoço. As cores do uniforme do seu time de remo, Martinelli, eram o vermelho e preto, que contrastavam com sua pele alva.

Sentiu no rosto uma onda de calor. Envergonhada por estar reparando no moço, Clara desviou o olhar para o mar.

— Você sabia que eu nunca tinha visto a ilha a distância? — perguntou ela disfarçando.

Contou isso a André, e ambos riram. Ela baixou os olhos, envergonhada de ter lhe contado algo tão irrelevante.

Ele sorriu, enternecido, pois Clara havia lhe contado um pouco sobre si. Depositou, então, os remos no fundo do barco, aproximou-se dela e acariciou o seu queixo. Com alegria, notou que ela gostou do carinho. André a enlaçou pela cintura e lhe disse quase murmurando:

— Minha Clara, minha irmã Lua, me deixa ser o seu Francisco, o seu irmão Sol, deixa...

E ela deixou.

Foi quando o rosto do moço se acendeu com um sorriso e, pela primeira vez em toda a sua vida, soube o que era ser feliz.

Um grito de uma criança, brincando com o pai no trapiche, acordou André de suas lembranças.

Levantou-se e, apoiado sobre a mureta, ficou a observar crianças brincando na água rasa e tranquila ao lado do Miramar, procurando moedas que frequentadores do bar e turistas jogavam para sua própria diversão ou então para testar o fôlego dos moleques. Um dos meninos gritou de alegria ao encontrar uma das moedas, que a ergueu como um troféu.

Alguns barcos que tinham acabado de atracar no trapiche produziram marolas, para a alegria das crianças. Elas pulavam as pequenas ondas, contando: um, dois, três! Um deles chegou a pular cinco pequenas ondas e recebeu dos amigos um cumprimento de parabéns, em forma de afago no cabelo molhado.

André apalpou os bolsos, procurando por uma moeda, e ao encontrar uma delas gritou para a gurizada:

— Quero ver quem encontra esta! — e atirou a moeda ao mar.

Animados, embora o tempo estivesse um tanto quanto frio para entrar na água fria, os garotos mergulharam, numa alegre brincadeira infantil. Um deles encontrou a moeda e a exibiu, orgulhoso, nas mãos que ergueu.

— Encontrei! — disse ele, nadando até a escadaria do trapiche para exibir o seu troféu aos amigos.

André, com os olhos molhados, sorriu ao olhar para a felicidade do garoto por ter achado a moeda. Após consultar o seu belo relógio de bolso, acenou um adeus para os meninos, pois estava atrasado para o trabalho.

4

Clara

À noite, o luar prateava a espuma do mar. Por toda a ilha, candeias e postes públicos de iluminação foram acesos. Comerciantes baixaram as portas e os trabalhadores voltavam para casa enquanto as donas de casa acendiam o fogão a lenha e as roupas eram recolhidas do varal. No cais, atracavam os barcos e pescadores recolhiam as redes.

Depois do jantar, Clara foi ao Morro do Bode para se juntar ao grupo de amigos que se reuniam na casa de dona Diná.

Ela era o que chamavam na época de benzedeira; uma senhora que irradiava simpatia e esperança, produzindo uma aura de paz que acalentava e agradava a todos, além de ser a melhor parteira do morro e famosa pelo seu chá de ervas que curava desde cólicas renais até embruxamento, que era como as benzedeiras açorianas chamavam a obsessão.

Certo dia, dona Diná lhe explicou como eram difíceis aqueles primeiros anos de prática do Espiritismo.

— As pessoas, Clara, têm muito preconceito. Acreditam que os espíritas fazem sacrifício de animais e até de crianças e que adoram Satã. Acham que qualquer religião que lida com espíritos é obra demoníaca. E concordam com a ideia de que os espíritas, umbandistas e os irmãos do candomblé devam ser perseguidos e os centros, fechados. A umbanda, minha filha, é muito mais perseguida e os centros nem tocam mais o atabaque para não chamar atenção.

A moça não entendia como podia haver tanta ignorância. Na loja de tecidos onde trabalhava, foi aconselhada por um dos colegas de trabalho a não falar de sua religião, pois seria demitida imediatamente, visto que isso já havia acontecido antes. Era triste ficar calada quando falavam sobre um assunto sobre o qual ela tinha uma opinião. Era frustrante porque Clara não entendia como podia haver tanto preconceito e se perguntava frequentemente o que levava os homens a tamanha ignorância.

Dona Diná explicava-lhe que toda forma de preconceito ou intolerância, seja ela racial ou religiosa, originava-se no desconhecimento, pois era a ignorância que levava uma pessoa a considerar uma pessoa negra inferior ou um espírita um ser demoníaco. Era a ignorância que dizia que o pobre não era uma pessoa decente e que dividia Florianópolis entre oeste e leste da Praça XV, ditando leis que ricos e pobres não podiam conviver harmoniosamente.

Contudo, seguindo os conselhos de dona Diná, preferiu calar-se quando o assunto fosse religião, mesmo porque Clara tinha aprendido que falar que era espírita não fazia a menor diferença; o importante era o bem-estar que sentia em seguir essa doutrina, assim como outras pessoas deveriam sentir seguindo outras crenças religiosas. Para a jovem, todas que falassem de Deus e trouxessem consolo e paz de espírito para os seus seguidores eram boas.

E grande consolo e paz de espírito Clara sentiu quando participava dos encontros com o grupo de dona Diná para estudar *O Evangelho Segundo o Espiritismo* e outras obras, pois como ela mesma disse ao irmão Vinícius:

— É como um redescobrir! Um reviver! Estudar e viver o Cristianismo Redivivo.

Certo dia, do alto do Morro do Bode, avistou a parte pobre e a parte rica da ilha. A fronteira que demarcava os que tinham e os que não tinham, não existia de fato; ela era apenas uma criação humana, feito pelas pessoas e, portanto, não legítima aos olhos de Deus.

Pensou em André e uma dor pungente a tomou por inteiro. Ela poderia achar que não havia diferença entre os ricos e os pobres; entretanto, a sociedade achava o contrário e lhe iria cobrar a audácia de se apaixonar por um rapaz rico. Sabia que ele participava dos campeonatos de remo, jogava tênis no clube e que diariamente ia ao Miramar.

Lembrou-se de que havia mentido para André, e que isso não era correto. O que poderia uma mulher pobre estar fazendo no Miramar, senão trabalhando? O que poderia estar fazendo quando se encontraram, a não ser já voltando para casa, pois seu turno tinha terminado? Ela trabalhava lá aos domingos e assim ganhava um pouco mais de dinheiro. Era só. Clara não era uma daquelas jovens de vestido caro e de perfume importado, muito menos falava francês como as outras moças. Nem entendia as regras da regata; apenas sabia quem tinha vencido pelos aplausos! E quando eles riam, ela ria. Nem as anedotas a pobre moça entendia; era outro mundo. Era o mundo de André, mas não o dela.

— O que eu vou fazer, meu Deus? Ilumine meus pensamentos, por favor... — e lágrimas brotaram nos olhos da moça.

Enxugou as lágrimas com um lenço que tirou da bolsa. Afastou uma pequena mariposa com as mãos para, logo em seguida, afastar o cabelo que lhe caía nos olhos.

Ao avistar toda a cidade do alto do morro, percebeu como ela havia crescido e se lembrou de como a cidade havia mudado nos últimos anos.

Florianópolis tornou-se um canteiro de obras. Foram instaladas as primeiras redes de água e de esgoto, construíram um incinerador de lixo, iníciou-se a canalização do Rio da Bulha, transferiu-se o cemitério para um lugar mais apropriado e aposentaram os pobres burros que puxavam os bondes, pois a cidade tinha de se modernizar.

Com a modernização da cidade e a construção da Avenida do Saneamento, logo batizada de Avenida Hercílio Luz, muitos cortiços do centro foram demolidos e centenas de pessoas não tinham para onde ir, exceto para os morros. Os morros de Florianópolis, que a elite preferia ignorar, começaram então a receber aqueles que para lá foram forçados a morar.

Num desses morros, morava dona Diná. Chamava-se Morro do Bode, pois na parte mais alta criavam-se bodes. Nada poético, mas simples assim. E era de cima do morro que Clara avistava Florianópolis, aquela que desterrou os que a cidade não mais quis.

Virou-se para contemplar as casas simples, com seus candeeiros acesos, suspensos e presos aos caibros do telhado. Reparou em um senhor que voltava do trabalho para casa. Ele tinha a respiração ofegante por ter subido o morro e, mesmo assim, deu-se ao trabalho de esfregar os sapatos no tapete à entrada da casa humilde, para não sujá-la. Clarou emocionou-se, pois achou o gesto do senhor muito digno.

Voltou para casa, pensativa. Cruzou a Ponte do Vinagre, passando pelo Campo do Manejo. Foi andando até o cortiço onde morava, logo ali.

Sentiu-se melhor agora depois da prece, daquele momento de união com a espiritualidade, que eram os cultos do Evangelho no lar. O dia passava muito rápido e com vários problemas para resolver; as freguesas da loja queriam ver os novos tecidos e o gerente exigia produtividade, enquanto no cortiço, onde morava com o irmão, havia o tanque cheio de roupas para lavar. Pareceu-lhe que era de suma importância um recolhimento a fim de cultivar o seu lado espiritual, como um livro edificante, uma palestra instrutiva ou mesmo um momento de silêncio para, enfim, pensar e conversar sobre Deus, impregnando-se assim de Sua luz, silenciando as ansiedades e tormentos do dia a dia, que tanto afastavam a pessoa de sua paz, já que eram com tanta urgência as exigências da vida, mal sobrando tempo para cultivar o lado espiritual. Clara lembrou-se de ter lido uma frase de Teresa de Ávila, que dizia para termos cuidado para que as coisas da Terra não sufocassem em nós a voz de Deus.

"De noite", ela pensou, "tudo se acalma, todos se recolhem. Até mesmo as gaivotas se recolhem aos seus ninhos. É tão bom o silêncio desse recolhimento!"

Sentou-se nos degraus que davam acesso ao Largo 13. Fincou os cotovelos nos joelhos e apoiou o queixo nas mãos, mergulhada em seus pensamentos. De onde estava, avistou a Ponte Hercílio Luz.

Naquele momento, Clara não era a única a olhar para a ponte. Em outro ponto da cidade, André também avistou aquela que passaria a ser o símbolo da sua cidade natal. Lembrou-se enternecido do pobre governador Hercílio Luz, que tanto quis ver o seu sonho realizado, mas que desencarnou dois anos antes de sua inauguração.

André ainda se recordava daquele 13 de Maio de 1926, uma quinta-feira. Com o desencarne de Hercílio Luz, o presidente do congresso representativo do estado, Antônio Vicente Bulcão Vianna, inaugurou a ponte de oitocentos metros de comprimento, cuja inauguração, numa tarde chuvosa, foi um acontecimento! Mas, como sempre, uns a saudaram como a salvação de Florianópolis e o fim do seu isolamento, enquanto outros diziam que aquela era a ponte que ligava o nada a coisa nenhuma!

André avistou os túmulos restantes do antigo cemitério. Os mortos esperavam sua vez para a mudança do alto do Morro do Vieira para novo lugar de descanso, devido à construção da ponte. Depois de despejados, eles iriam para o novo cemitério municipal, o Cemitério Três Pontes.

Ele não quis pensar em coisa alguma no momento, mesmo porque sua cabeça doía com preocupações. Tomou um pouco do chá que a empregada havia lhe levado, pois ela lhe assegurou que aquilo iria acalmá-lo.

Ao se afastar da janela, sentou-se em uma poltrona, ajeitando uma almofada atrás da nuca. Pousou as mãos sobre os joelhos e notou como o seu quarto era bonito e bem decorado. Percebeu como tudo era de bom gosto e caro. Passou a mão pelas almofadas macias feitas de seda, admirando os móveis, o tapete e tudo o mais que o dinheiro podia comprar.

Pensou em como contar aos pais sobre Clara. Tentou imaginar uma saída para o que lhe estava tirando o sono.

O jovem segurou Toy nos braços e lhe disse, certo de que o cachorro iria entendê-lo:

— Eu sei de tudo, Toy. Mas não me importo. Estou ciente do risco que corro e do preço que pagarei! Sei onde ela trabalha, onde mora, mas não me importo!

A lamparina acesa sobre o criado-mudo pareceu fraquejar e logo consumiu todo o combustível. Apagou-se. André não se importou. Sentiu-se bem no escuro, afagando o cachorrinho, que acabou adormecendo em seu colo.

5
Lições

Durante a noite, o corpo adormece e o espírito se desprende, ficando liberto do peso da matéria[7]. É quando o espírito goza de uma relativa liberdade e, momentaneamente livre, vive a sua vida espiritual. O desdobramento[8] acontece todas as noites, embora não nos lembremos do que fizemos nesses períodos de liberdade, permanecendo apenas uma vaga lembrança, quase uma intuição do que fizemos em forma de sonho.

---

7. Nota do autor: As informações aqui descritas sobre o desdobramento têm como fonte *O Livro dos Espíritos*, de Allan Kardec, São Paulo: Editora Petit, perguntas de número 400 a 412.

8. Nota do autor: **Desdobramento** é uma ação natural do espírito encarnado, que, no repouso do corpo físico, desprende-se dele, embora um fio ou cordão prateado continue a ligar o perispírito ao corpo físico, qualquer que seja a distância percorrida.

O corpo precisa dormir, descansar; mas não o espírito. O espírito jamais está inativo, e o grau e tipo de atividade que fará no plano espiritual dependem de suas afinidades. Ele se reúne com os quais se afina e desloca-se para onde há uma sintonia de pensamentos e propósitos. Aqueles que pensam no mal, irão se reunir durante o sono com aqueles que pensam no mal. Os que buscam conhecimento e conselhos irão se reunir com aqueles que estão na mesma faixa vibratória.

No pequeno parque da colônia espiritual, um grupo de vinte espíritos se reuniu naquela noite, atraídos pelos mesmos propósitos e afinidades.

Irmão Teodoro olhou um por um com extremo carinho sabendo o que os trouxera ali, naquela noite.

— *Meus filhos, que bom que vieram! Que Deus os abençoe. Enquanto o corpo de vocês dorme, vieram vocês em busca de conhecimento sobre a justiça divina. A justiça divina, que é o próprio Deus em sua misericórdia, está dentro de nós. Somos nós mesmos que nos acusamos. Não há ninguém mais que possa fazer isso, pois não há uma pessoa sequer que possa julgá-los ou acusá-los de alguma coisa. Não há ninguém que possa lhes atirar a primeira pedra, imperfeitos que somos todos nós. Só em pensar que temos autoridade para julgar, já prova que não temos autoridade moral alguma. Os espíritos superiores, aqueles que poderiam julgá-los, como Jesus Cristo, não acusam ninguém, não julgam uma pessoa sequer. Portanto, quem sou eu para julgar? Ou quem sois vós para julgar um irmão? O julgamento e a acusação vêm de dentro de nós mesmos, pois ninguém consegue mentir para si mesmo. Você pode até conseguir enganar, ludibriar outras pessoas, mas jamais fará isso com você mesmo. Você sabe que errou e sabe que precisa consertar, reparar o mal que fez. A regeneração, meus filhos, é possível e basta ter a consciência de sua importância e uma dose de boa vontade.*

Irmão Teodoro escutou os pensamentos dos homens e mulheres que ali estavam, como estavam entendendo suas palavras e com qual intensidade. Sabia que muitos ali não conseguiriam se regenerar, não por enquanto. Já em outros tinha tanta esperança! Tanta esperança que pudessem se regenerar para serem felizes, pois era possível ser feliz.

Após uma pausa, prosseguiu:

— *Fomos agraciados com o livre-arbítrio, sem o qual não teríamos o mérito dos nossos acertos nem a responsabilidade pelos nossos erros. É com ele que temos o poder de decidir sobre a nossa vida, e as escolhas que fizermos ditarão o nosso destino. Cada um aqui, inclusive eu, somos o conjunto das escolhas que fizemos em nossas outras existências. O bem e o mal são escolhas, somos nós, portanto, os únicos responsáveis. Não vamos culpar o nosso pai ou a nossa mãe, o lugar onde moramos, a escola que frequentamos, seja qual for a desculpa para nos eximir da culpa, pois a verdade é que somos os únicos responsáveis pelo bem ou pelo mal que fizermos, e o espírito sofrerá, tanto na Terra quanto no mundo espiritual, as consequências dessas escolhas, causadas pelas imperfeições. Somos espíritos em pleno desenvolvimento, cada um de nós. Ah, meus filhos, estamos muito longe da perfeição e que nos conscientizemos disso!*

O bom velhinho ficou em silêncio para que suas palavras fossem digeridas e compreendidas.

Pensou o benfeitor na história particular de cada um daqueles irmãos, pois cada um deles tinha uma história para contar, fosse uma desilusão amorosa, um fracasso financeiro, a ingratidão de um amigo ou algum caso de amor. Eram as histórias que faziam daquelas pessoas o que realmente eram, pois o que era uma pessoa senão a soma de suas histórias? Pois somos hoje a soma das conquistas que o espírito vem acumulando em sua jornada rumo à perfeição — histórias ficam registradas na memória de cada um, como um grande banco de dados preservado no perispírito. É por isso que, após o desencarne, com a destruição do corpo físico, a memória não se perde, pois são arquivos indestrutíveis e indeléveis. É com essas experiências, vivências, dores e alegrias, erros e acertos que o ser humano raciocina e faz as suas escolhas.

Com ternura, o benfeitor pousou seus olhos nos espíritos presentes e lhes falou:

— *Filhos, depois do poder de Deus, a dor é a única força capaz de alterar o rumo de nossos pensamentos, compelindo-nos às indispensáveis modificações. Não tenham medo da dor, não a blasfeme.*

Então, o rosto do benfeitor se acendeu com um sorriso e de todo o seu ser irradiava uma serena luz.

— *Como não se admirar com as obras de Deus? Como não se deixar levar pelo canto dos pássaros, pela perfeição do corpo humano, pelo pôr do sol? Como não amar Deus por meio de suas criações? E como não se admirar com a beleza da vida? Com suas alegrias e tristezas, luz e sombra. Saibamos aproveitar a oportunidade que a nós foi dada para evoluirmos; contudo, a evolução espiritual é uma caminhada que não se faz ao preço de vãs promessas! É preciso que exercitem o vasto conhecimento adquirido ao longo das encarnações passadas, das palestras, dos estudos, da contemplação das belezas das criações de Deus, para que se transformem moralmente e extraiam de todo esse material combustível para acender a sua luz, adquirindo, assim, maturidade espiritual e, consequentemente, a felicidade almejada.*

Irmão Teodoro silenciou por alguns instantes. Em seguida, finalizou a reunião com uma prece comovente, envolvendo todos os presentes em um halo de luz.

6

A caravana

Como fazia todas as terças e quintas à noite, Clara se juntou ao grupo de dona Diná e lá foram, com as panelas e muito amor, para um beco logo atrás da catedral de Florianópolis, cuja construção foi erguida no exato lugar onde antes se localizava a Capela de Nossa Senhora do Desterro, erguida por Francisco Dias Velho.

Clara tinha alegria em servir, em ser útil. Para ela, tudo era tão natural que nunca se ocupou em pensar que estava sendo útil.

Era assim que devia ser. E assim foi; ajudando um, socorrendo outro. No cortiço onde morava, a jovem alfabetizou quase todas as mulheres que ali viviam; muitas delas não sabiam escrever o próprio nome. Ajudava as crianças com a tarefa da escola e os doentes com o que necessitavam.

Na loja de tecidos onde trabalhava, Clara aconselhou uma das vendedoras que pretendia cometer um aborto, ensinando-lhe que esse não era o caminho a ser seguido, pois isso acarretaria problemas sérios para ela mesma. Nos intervalos, sempre oferecia o ombro amigo àqueles que precisavam desabafar.

Fazia questão de acordar cedinho para beijar o irmão Vinícius e lhe desejar uma boa pescaria, nunca deixando de acenar carinhosamente para ele, mesmo quando mal conseguia vê-lo já longe no seu barquinho ainda de madrugada. Nas ruas, dava atenção para quem um pouquinho de atenção mendigava.

E foi sempre assim, em tantos lugares, tantos benefícios, muitos deles despercebidos, pois eram pequenos gestos, nada mais: um olhar de compreensão, um aperto de mão, uma palavra amiga, um pedaço de pão; aqueles pequenos gestos de grande delicadeza.

E, naquela noite, não foi diferente. Dezenas de irmãos infelizes, que moravam nas ruas da cidade, foram em busca de um prato de sopa do grupo de dona Diná. Com grande dificuldade, lá vinham os bondosos amigos do Morro do Bode trazendo panelas, pratos, utensílios, cobertores e muita disposição! Vinham servir, e servir com alegria.

O jumentinho do senhor Cláudio, o Barnabé, puxava a carroça com as enormes e pesadas panelas.

A caravana descia o Morro do Bode, passava em frente ao Hospital de Caridade, cruzava o Campo de Manejo e depois atravessava a Ponte do Vinagre sobre o Rio da Bulha. Seguia até a Praça XV e, enfim, subia até a catedral.

Clara nunca deixou de se emocionar com o que via, pois era tão pouco o que tinham para oferecer! Tão pouco dinheiro, tão poucos recursos! No entanto, eles jamais deixaram de trazer um prato de sopa para os mais necessitados do centro da cidade, mesmo embaixo de chuva ou de muito frio.

Era tão pouco o que tinham e tanta gente para alimentar! Clara sempre comentou com dona Diná que a distribuição daquela sopa era como a multiplicação dos pães narrado no Evangelho.

"Que milagre era esse", pensava a moça, "conseguir ajudar tantos com tão pouco? Que poder era esse que multiplicava o tão pouco que traziam naquelas panelas para toda a multidão que fazia fila?"

Havia um grupo de pessoas esperando pela caravana. Dona Diná pediu ao seu braço direito, Cláudio, para fazer uma triagem porque muitos dos infelizes estavam machucados ou doentes. As crianças choravam de frio e de fome, e o coração do senhor Cláudio parecia sangrar ao ver tanta dor. Contudo, era necessário ser forte e ajudá-los no que fosse possível. Ele choraria depois, mas não naquele momento.

Enquanto Clara ajudava a arrumar os pratos, disse a dona Diná:

— Que bom seria se pudéssemos fazer uma oração com os nossos amigos neste local! Ensiná-los sobre o Espiritismo, falar de Jesus e de seus ensinamentos, ou até mesmo ler algum trecho do Evangelho.

Mas Clara ouviu da nobre senhora:

— Não misture religião com assistência social, minha filha. Nunca tente converter alguém com um prato de comida. O nosso papel é de ajudar esses nossos irmãos infelizes com um pouco de alento, e não converter ninguém. Sabe, filha, os nossos benfeitores nos alertam que se alguém nos procurar pedindo o pão, que demos o pão! Mas se nos procurar em busca do pão espiritual, aí sim estaremos de braços abertos para orientá-los e recebê-los em nosso grupo, mas sem converter ninguém. Portanto, filha, vamos ajudar os nossos irmãos seja qual for a sua religião, seja qual for a situação. Mesmo porque, Clara, temos a nossa crença e, por mais que a amemos, ela não deve ser melhor do que as outras.

7
Vera

Adiando o dia da verdade, André e Clara não falaram nem pensaram mais no assunto, pois era doloroso demais. Ele teria de lidar com a família, e ela teria de aceitar a realidade. Ambos, em silêncio, fizeram um pacto sem palavras: continuariam a namorar e depois veriam o que teriam de fazer. Foi difícil no início, pois ambos sentiam um ar pesado, como se os torturasse.

Às vezes, faltava assunto nas conversas aqui, e um mal-estar ali, mas o amor entre ambos era bonito de se ver. Embora as almas estivessem inquietas, bastava dar as mãos e sentir a presença um do outro para o céu ficar mais azul e o mar mais lindo do que já era; era aquilo que os poetas chamavam de amor.

Um dia, André levou Clara para a Praia de Itaguaçu, pois era Semana Santa, e o jovem soube que havia ali uma exposição de esculturas retratando a Via Sacra, feitas por um jovem artista ainda pouco conhecido chamado Franklin Cascaes.

Ao caminhar entre as esculturas, Clara se emocionou, mal contendo o pranto.

— Como é bonita a obra desse artista! Que delicadeza! Que dom! — ela disse, com os olhos rasos d'água.

Depois, caminharam pela restinga coberta de pequenas flores amarelas, que desembocava em declives rumo ao mar. Avistaram uma gaivota, pousada numa estaca de madeira.

André passou o braço em torno da cintura da amada, sentindo seu peito arfar de emoção. Por um instante, ele permaneceu imóvel e calado. Então, umedeceu os lábios com a ponta da língua e sussurrando, soprou no seu ouvido:

— Eu a amo...

Para uma pessoa apaixonada, não havia palavras mais belas nem mesmo o maior dos poetas escreveria com tão alto poder de síntese algo tão arrebatador. Bastava dizer o que todo apaixonado mais deseja escutar dos lábios do amado, e o mundo seria mais bonito. Os fortes e desalmados cairiam de joelhos, rendendo-se ao poder de tais palavras. Os que aparentemente julgavam-se imunes ao seu encanto cederiam, pois não havia uma pessoa sequer que não desejaria um dia escutar dos lábios do objeto do seu afeto os mais belos sonetos de amor resumidos na pequena frase "eu te amo".

Subitamente, o vento forte que soprava do mar assustou os turistas, cobrindo de areia as esculturas. Soprou com tal vigor que crispou as águas antes calmas da tranquila praia. As flâmulas tremularam no pequeno cais de Itaguaçu. Surpreendidos pelo vendaval, Clara tentava segurar a saia, que teimava em se levantar enquanto o chapéu de André soltou-se de sua cabeça, levantando voo como se fosse um pássaro levado pela ventania.

Clara esticou os braços em um gesto veloz e impulsivo e o agarrou com as mãos.

Então, vergou sua cabeça para trás, sorrindo de alegria e sem o menor pudor de demonstrar a felicidade que sentia.

꒰ꔚ꒱

A cidade de Florianópolis sofria com malária, varíola, amarelão, tuberculose e até lepra. Os moradores, já preocupados, ainda foram atingidos pela gripe espanhola que assolou a cidade, fechando escolas e o comércio. O pesadelo durou intermináveis dois meses, tempo suficiente para levar o caos absoluto à pacata cidade: gêneros alimentícios escassearam no mercado com o pânico generalizado, escolas fecharam e o comércio baixou as portas. Muitos fugiram, deixando suas casas e pertences. Os que tinham dinheiro iam para o continente ou para as suas casas de veraneio na Praia de Fora, que ficava longe do centro e ainda livre da epidemia. Os que não tinham como sair da cidade lotavam o Hospital de Caridade ou o Hospital Militar, de onde se ouviam os sinos da catedral a tocar o dia todo.

Segundo os arquivos catarinenses de Medicina, a pandemia chegou pelo porto de Florianópolis e disseminou-se rapidamente; infectou pelo menos 30% da população. As precárias condições de higiene pessoal, a estrutura sanitária de Florianópolis quase inexistente e a falta de informação da forma de contágio das doenças levaram o medo e o pânico à cidade.

André e Clara não se viram nessa época. Como se encontrar em meio ao caos que se instaurara na bela cidade? O que acontecia era tão triste que as pessoas mal saíam de casa, pois tinham medo. O medo era talvez ainda pior do que a epidemia, pois se evitavam até os mais próximos. Ninguém se falava; ninguém se tocava.

Clara sentia falta do amado, agora mais do que nunca, precisando dele e do seu apoio. André tinha se mudado com a família toda para a Praia de Fora, de onde passava os dias a orar pela amada e por todos que amava.

Junto do grupo de dona Diná, Clara encontrava conforto e alento. Eles se reuniam e saíam para ajudar as centenas de pessoas que passavam as noites ao relento, já doentes, pois a cidade não conseguia amparar tantos enfermos ao mesmo tempo. O grupo era tão abençoado que entidades espirituais os seguiam, inspirando-os.

Uma mãe, já desencarnada, encontrava-se ao lado do filho doente. Dona Odete emocionou-se quando Clara se aproximou e carinhosamente passou a cuidar do seu filho, que se chamava Rômulo. Não havia muito o que fazer, além de enxugar o suor e de lhe dar um copo de água. Aplicou-lhe passes, projetando sobre o rapaz abundantes e vigorosos jatos de luz. Dona Odete testemunhou tamanha bondade que dos seus olhos brotaram lágrimas de gratidão.

Das esferas espirituais próximas à ilha, desciam legiões de espíritos para consolar os que sofriam. Irmão Teodoro comandava toda a operação. Com o irmão Petrônio, visitou os dois hospitais da cidade, inspirando médicos e enfermeiras com conselhos e bom ânimo. Emocionaram-se quando viram encarnados, mesmo doentes, tentando ajudar o próximo, chegando a dividir o prato de sopa ou um pedaço de pão.

O benfeitor comentou com seu amigo da colônia, irmão Petrônio, como em momentos difíceis como aquele as pessoas provavam o seu caráter, exercitando suas boas ou más inclinações. Em momentos como aquele, os benefícios da fé se tornavam claros, pois os descrentes, além de blasfemar contra Deus, corriam de medo dos doentes, deixando o egoísmo e a apatia tomarem conta de si. Quando uma tragédia como aquela acontecia, era quando se manifestava o que existia de melhor e o que existia de pior numa pessoa. Havia os que se aventuravam no sereno da madrugada a ajudar aqueles pobres infelizes e os que fugiam para se salvar.

Clara ficou e, por meio dos amigos espirituais, desdobrou-se em cuidados para com os doentes, assim como todos do grupo, sob a direção segura e serena de dona Diná.

O pesadelo durou dois meses, mas, como uma tempestade que vem do nada e tudo leva, um dia tudo se acalmou, como se nada tivesse acontecido. Dois meses apenas! Mas que longos e intermináveis foram aqueles dois meses para os habitantes da cidade!

Aos poucos o comércio voltou a abrir as portas, as escolas voltaram a ter aulas e o sino da Catedral parou de tocar, para o alívio de toda a população.

Muitos ainda estavam doentes, mas nada comparável ao caos da epidemia.

No cortiço onde Clara morava com o irmão Vinícius, vários dos moradores desencarnaram. Muitos nem sabiam quem havia desencarnado. Quando um dos moradores encontrava com o outro, era uma alegria só!

— Você está vivo! Que bom! — gritava um.

— Graças a Deus você não morreu! Que bom! Que bom! — gritava outro.

Madame Lalá e outros moradores do cortiço estavam bem. Clara estava feliz e fez questão de abraçar um por um, juntando-se a eles em uma prece na entrada do cortiço para todos aqueles que desencarnaram. Vinícius, abraçado à irmã, comoveu-se ao ver uma das moradoras, chamada Lúcia, a chorar pelo marido que não sobrevivera. O irmão de Clara viu seu pranto inestancável e sentiu muita pena da pobre mulher. A "morte" era difícil para todos, especialmente para os que não acreditavam na imortalidade da alma. Pensou o jovem no consolo que a crença na vida além-túmulo trazia, ainda que doesse a falta da presença física daquele que desencarnara. Por um minuto, Vinícius pensou no que aconteceria se Clara tivesse desencarnado. Como ele estaria se sentindo agora? Teria a calma e a paz de espírito? Entenderia e aceitaria o desencarne da irmã? O rapaz pensou em como era difícil a ideia da separação, mesmo para os espíritas.

Aos poucos, os moradores foram para os seus quartos e Clara e Vinícius ficaram mais um pouco conversando com dona Lúcia, que ainda chorava pela partida do marido. Mais uma vez, Clara sentiu o desejo de falar sobre o que sabia sobre a imortalidade da alma, encarnação e desencarnação. Mas, ao olhar para o irmão, viu como ele silenciosamente lhe disse com os olhos que era melhor não falar nada.

Clara foi rever André semanas depois. Ele estava bem, para a sua alegria, pois ela teve tanto medo, tanto receio de que ele adoecesse como tantos! Mas lá estava o homem que amava, belo e sadio!

Ele esperou por Clara na porta da loja de tecidos onde ela trabalhava, com flores nas mãos. Ela foi ao seu encontro correndo como uma criança, jogando-se aos seus braços.

— Meu amor!

— Clara, que saudade, minha linda! — disse André, apertando-a num abraço carinhoso.

— Fiquei com tanto medo! Tanto medo! Medo de que nunca mais o veria de novo! — Clara disse, emocionada.

— Meu amor, eu também!

— Medo de você me abandonar! — ela disse, agarrando-se ao seu corpo, como se precisasse sentir o seu calor, o seu perfume.

— Jamais a abandonarei, jamais! Isso é impossível, não saberia viver sem você! — André prometeu.

Foram, então, jantar na Confeitaria do Chiquinho. Os moradores pareciam felizes, aliviados pelo fim do pesadelo. Clara notou como algumas pessoas ficaram mais amáveis. Outras, que não tinham o hábito de abraçar e beijar os amigos, agora não mais se continham e davam demonstrações de afeto em público. Pareceu-lhe que conversavam com mais entusiasmo e alegria. O tilintar dos talheres, antes um som grosseiro e irritante, pareceu-lhe agora como música aos ouvidos.

Enquanto estavam fazendo o pedido, Clara percebeu uma jovem muito bonita se aproximar.

— Você deve ser a Clara! Como ela é linda, André! — falou com entusiasmo a moça.

— Vera! — e André levantou-se para beijar a jovem que aparentava ter a mesma idade dele e, como Clara notou de imediato, da mesma classe social, pois estava muito bem vestida.

— Meu amor — disse um sorridente André para a namorada —, gostaria que conhecesse minha irmã, Vera.

Deixando transparecer um profundo alívio, Clara levantou-se e a beijou, carinhosamente. Sentiu-se um tanto quanto constrangida, pois Vera estava muito bem vestida e, de imediato, notou seus gestos delicados e finos. Por um minuto, Clara sentiu-se envergonhada de seu vestido simples e sujo de areia da praia. Suas sandálias eram velhas e estavam molhadas; o cabelo maltratado e com cheiro de xampu barato. Por um instante, pensou em sair correndo para nunca mais voltar, com vergonha da sua pobreza. Percebeu como Vera cruzou as pernas, as mãos que pousaram sobre o joelho. Notou o modo como segurou a xícara de chá, a delicadeza com que a depositou no pires. Achou elegante como ela apoiava os cotovelos na mesa, entrelaçando as mãos sob o queixo.

Com receio de não saber como se comportar à mesa, Clara procurou aprender um pouco sobre etiqueta com as amigas vendedoras da loja, pois nada disso sabia. Para que existiam tantas taças sobre a mesa, quando uma só bastava? Lembrou-se da importância de colocar o guardanapo de pano sobre o colo e assim o fez. Quanto aos talheres, estava confusa demais para se lembrar se devia utilizar o garfo com a mão esquerda ou a direita.

— Vera, esta é a mulher da minha vida. É ela quem amo.... — ela ouviu André dizer à irmã, tocando-lhe de leve nas mãos.

Ao olhar para os olhos do amado, uma profunda paz tomou conta de Clara. O sentimento de amar e ser amada era mais forte do que a vergonha de sua classe social ou de seus modos à mesa do restaurante. Não lhe pareceu mais importante saber se deveria usar a faca com a mão direita ou esquerda. Não se importou se seus gestos não eram tão finos quanto os de Vera nem de como segurava a xícara de chá. Pareceu-lhe que toda a sociedade de Florianópolis, com suas regras de comportamento e *finesse*, não mais existia. Qual era o problema se seu vestido era simples? O que importaria se por acaso não soubesse usar os talheres com todo o requinte que os ricos usavam?

Ao olhar para os olhos de André, nada daquilo que antes tanto a preocupava pareceu-lhe importante. E toda a insegurança de uma pobre moça numa mesa de um restaurante fino com duas pessoas ricas dissipou-se.

Aprumou-se na cadeira e, deixando transparecer uma imensa alegria, estendeu a mão.

— Prazer, Vera. Meu nome é Clara.

André não cabia em si de tanta felicidade. Clara e Vera conversavam como velhas amigas, como se já se conhecessem havia muito tempo, como sempre acontece com almas afins quando se encontram. E André lembrou-se de ter sentido o mesmo quando conheceu Clara, como se houvesse de fato um pouco de destino em cada encontro.

— André — disse Vera, sorrindo, alisando a franja com a mão —, Clara me contou que tem um irmão! Podemos todos passear de barco no domingo, o que acha? Ou então poderíamos ir até a Lagoa da Conceição! Não seria maravilhoso?

— Sim... — disse ele, não tirando os olhos da amada, sentindo-se a pessoa mais feliz do mundo.

A irmã tinha gostado de sua namorada; ela havia aprovado o seu namoro, mesmo sabendo quem era Clara. A aprovação de Vera era importante para André, e foi com grande alívio que ele viu as duas se dando tão bem, entendendo-se como velhas amigas. Quando André contou sobre Clara pela primeira vez, Vera chocou-se ao saber que ela morava em um cortiço e que trabalhava numa loja de tecidos. O choque deu-se mais por ter conhecido outras namoradas de André e de saber o que os seus pais diriam e não tanto pelo preconceito. Vera pensava diferente dos pais e, de certo modo, do irmão. Desde cedo, o luxo não a seduziu, as festas do clube a entediavam e os rapazes eram materialistas e nada interessantes.

Embora membro de uma das famílias mais ricas de Santa Catarina, Vera jamais ostentou joias ou posição social. Não que ela não gostasse do dinheiro, ou de tê-lo para comprar as coisas que desejava, mas simplesmente não havia o apego. Vera era uma daquelas pessoas que jantaria num belo restaurante caríssimo com o mesmo prazer com que comeria em um botequim no centro da cidade. Não menosprezava o dinheiro, pois sabia que ele lhe comprava os livros que gostava de ler e os remédios quando adoecia. Diferentemente de suas amigas, jamais se considerou mais importante, ou de certo modo privilegiada por Deus, por ser rica. Instintivamente sabia que a riqueza era uma grande provação. Poucos cediam ao seu charme, suas tentações. Jamais fez distinções entre ricos e pobres, brancos ou negros. A jovem tinha um interesse profundo pelos problemas da maior parte da população da cidade e, ciente das dificuldades e aflições dos mais humildes, doía em seu ser existir tanta miséria nos cortiços e morros. Crescia nela o desejo de ajudar no que fosse possível.

Certa vez, soube que uma das empregadas de sua mãe morava em um dos morros da ilha. Mãe de sete filhos, fora abandonada pelo marido. Vera a amparou por muitos anos com dinheiro, mantimentos e roupas para as crianças. Subiu o morro uma vez para visitar a empregada que havia adoecido.

Envergonhada com a decisão da mãe em despedi-la por ter ficado sem trabalhar por mais de uma semana, Vera foi até a sua casa. Com uma profunda tristeza, viu então a pobreza de perto. Sentiu o cheiro podre, o lixo espalhado por todo lado. Pela primeira vez, ela viu o que era ser pobre. Nunca mais foi a mesma depois daquela visita ao morro. Alguma coisa dentro dela havia despertado, como se estivesse latente esperando por algo que a despertasse. O choque da realidade daquelas pessoas em contraste com a ostentação da riqueza do mundo em que vivia transformou a vida da irmã de André. Passou a ter mais tolerância, e uma compreensão do preconceito social e racial se acentuou. Causou-lhe náusea ouvir seu pai dizer que só era pobre quem queria, como se ele entendesse como aquelas pessoas viviam! Como se ele compreendesse as dificuldades pelas quais passavam! Vera nutria grande empatia para com os que nada possuíam, nem dignidade. A pobreza era o que mais a entristecia.

Por isso, passado o choque inicial de saber do namoro do irmão com uma moça pobre, Vera desejou conhecer Clara. Sabia que seriam boas amigas, que se entenderiam. Depositava nela uma esperança que mantinha em segredo, pois ardia dentro de si o receio de que André viesse a ser como os seus pais. Sabia de como ele gostava do luxo e de tudo o que o dinheiro podia comprar, testemunhando situações nas quais André mostrou ser ambicioso. Não queria que o irmão fosse como os pais ou que casasse com uma daquelas moças ricas e fúteis do clube. Quando soube de Clara, foi como se Deus houvesse escutado suas preces, ela assim pensou. E André não havia exagerado nem um pouco em sua descrição da namorada. Vera também achou Clara um doce de pessoa e muito inteligente.

Divertida e um tanto desastrada, riu quando ela derrubou todo o chá na mesa. Achou interessantes seus comentários espiritualistas, citando frases e autores que ela desconhecia.

— Vera! Clara! Eu estou aqui também! Falem comigo! — falou André, enciumado da cumplicidade das novas amigas que de fato quase esqueceram que André estava com elas. Rindo, ambas deram as mãos para o moço sobre a mesa, dizendo:

— Ah, seu bobinho ciumento e carente!

E assim passaram horas conversando. Quando se ouviu o sino da catedral bater as vinte horas, Vera despediu-se do casal, pois tinha um compromisso. Abraçou Clara afetuosamente, prometendo que se veriam de novo em breve. Ao sair, já na calçada, virou-se e olhou novamente para os dois que permanceram na confeitaria.

Estava muito contente. Desejava profundamente que o irmão e Clara fossem felizes. Orou para que fossem fortes o suficiente para assumir o namoro perante a família e a sociedade.

Após pagar a conta, André e Clara foram para um hotel ali próximo. Era um lugar simples e pequeno, que oferecia discrição e conforto. Escolheram o quarto superior, de onde tinham uma visão belíssima da Ponte Hercílio Luz.

Em uma pequena mesa, havia um vaso de *Laelia purpurata*[9], a orquídea que Clara amava. Era de uma beleza única e de sutil fragrância. Suas belas, grandes e perfumadas flores de coloração branca e púrpura enchiam os olhos. Era comum florescer de cinco a seis flores em cada haste.

Clara ficou a admirar a bela orquídea. Em seguida, André passou o braço em torno da sua cintura, beijando-lhe no

---

9. Nota do autor: Flor-símbolo de Florianópolis.

ombro. Então, foram se deitar, e ao som de uma fina chuva tamborilando no telhado, ela deitou a cabeça no peito dele e ouviu o amado dizer coisas belas, na penumbra do quarto, enquanto secretamente ouvia as batidas do seu coração.

— Estou tão feliz, Clara! Você e minha irmã são amigas agora. Para mim, isso é muito importante. Ela gostou muito de você, sabia, meu anjo?

Ela ouvia a chuva e o vento que soprava lá fora. Escutou a voz do amado, suas batidas do coração. Nunca se sentiu tão feliz em toda a sua vida. Depois do pesadelo de ter ficado mais de dois meses sem vê-lo, do horror da epidemia da gripe espanhola, das mortes em massa e do caos que reinou na cidade, ela finalmente teve a paz que tanto acalentou nesse tempo todo. Estavam a sós, ela e André, num quarto de um hotel numa noite chuvosa. Havia esfriado um pouco, mas o corpo quente dele a aquecia.

Clara gostava da chuva. Amava andar pelas ruas molhadas a refletir a luz morna dos postes, e pular nas poças de água como se ainda fosse uma criança lhe trazia uma alegria indescritível.

E muito falaram os dois. Ela lhe contou sobre como seu pai morreu e da mãe que foi morar com uma irmã no interior. Falou do irmão Vinícius, do trabalho na loja de tecidos e até de quanto ganhava! Teve um pouco de vergonha, mas lhe contou sobre como gostava do mar, mas morria de medo, pois o que tinha lá embaixo ninguém sabia! E os monstros marinhos sobre os quais os açorianos tanto falavam?

André achou um charme a amada lhe confidenciar aquilo, com certa timidez. Sempre teve uma queda por moças tímidas. E Clara era tímida, dengosa e feminina. O jeito dela de passar os dedos pelo cabelo e então soltá-los até que caíssem sobre os ombros deixava-o doido! Jamais sentira algo assim por nenhuma outra mulher na sua vida. Deixou que os cabelos dela caíssem sobre os seus ombros nus para lhe beijar a boca e dizer o quanto a amava, o quanto ele a queria!

Ficaram conversando, falando das bobagens da vida. Ora ele a beijava, ora ela o beijava.

Quando perceberam que já era tarde, André e Clara tentaram disfarçar a angústia de se separar, pois foi difícil dizer adeus.

A certeza veio da dor da despedida, a dor de dizer adeus quando não se quer dizer adeus jamais.

8

São Francisco Catarinense

Irmã Matilde ouvia as palavras sábias do benfeitor.

— *Não existe céu ou inferno, ora essa! Quem lhe disse isso, irmã Matilde? Não podemos dizer: aqui é o céu e ali é o inferno. "O inferno está por toda parte em que haja almas sofredoras e o céu igualmente onde houver almas felizes!"*[10]

Irmã Matilde se encantou com as belas palavras do irmão Teodoro, e seus olhos encheram-se de lágrima. A beleza sempre a emocionou.

"Irmã Matilde sempre foi assim", pensou irmão Teodoro; *"pobre Matilde. Agora que desencarnou, parece que ficou mais sensível! Mas foi sempre assim,*

---

10. Nota do autor: Kardec, Allan — *O Céu e o Inferno*, Primeira Parte, capítulo 7, item 5 — Editora FEB.

pensando bem. Não é porque desencarnou que vai mudar, ninguém muda. Quando vivia entre os vivos, se emocionava à toa, era a piada da família. Agora que desencarnou, essa característica parece ter se exacerbado, pois os desajustes vividos pelo espírito quando encarnado se acentuavam no mundo espiritual, devido à natureza extremamente sensível e emocional do perispírito."

— *Ainda se lembra de Desterro, irmã Matilde?* — perguntou ele.

— *Oh sim, e como! Esta cidade mudou de nome, mas continua Desterro. Quase nada mudou.*

Irmão Teodoro voltou a ficar pensativo.

"Era verdade o que a senhora falava. Quase nada mudou; apenas o nome. Por estar situada numa ilha, talvez levasse muito mais tempo para que viessem as reais mudanças. Claro que houve algumas mudanças, eis o progresso em todo lugar, e graças a Deus. As pessoas agora podem recorrer aos confortos que os desterrenses não tinham. Mas era preciso ir devagar com o progresso, era preciso não se esquecer da quietude, do sossego quase bucólico que tanta paz trazia à população."

— *Terra abençoada, esta!* — disse uma comovida irmã Matilde. — *Quero dizer, além das belezas naturais e deste sossego, desta paz, tão úteis à saúde física e mental dos habitantes, há outras bênçãos.*

Irmão Teodoro agora escutava; atento ao que a senhora falava. Estavam ambos caminhando pelo Campo do Manejo em direção ao Hospital de Caridade.

— *Pense nas pessoas maravilhosas que aqui nasceram. Pense nas histórias desses espíritos que aqui encarnaram com a finalidade de engrandecer a cidade e seus habitantes. As pessoas dão muito valor às praias, às dunas, às lagoas, e realmente elas são lindas! Maravilhosas! Mas uma cidade não é feita só de suas belezas naturais ou feitas pelo homem. Uma cidade é feita pelos seus moradores e suas realizações, aqueles que aqui trabalharam e que deixaram seu legado, que para cá vieram com a missão de iluminar este pedacinho de chão com suas obras.*

O benfeitor viu que irmã Matilde tinha os olhos cheios de lágrimas.

— *Irmã Matilde, que belas palavras!*

Enquanto caminhavam, os dois espíritos depararam com uma visão belíssima: o Hospital de Caridade.

Teodoro, agora mais emocionado do que Matilde, entregou-se às lembranças do passado.

Sua memória recuou no tempo. Lembrou-se do dia em que ouviu falar que Ismael, o governador espiritual do Brasil, estava muito preocupado e com muita dor de ver uma bela cidade que estava começando a se desenvolver com tantos habitantes desprovidos! Doía ver as criancinhas abandonadas e doentes. Era de causar dó testemunhar os velhinhos já sem força a esticar o braço, pedindo esmolas e dormindo ao relento.

Ismael então recorreu a Jesus para que o ajudasse em tão grande desafio. Conta-se que das esferas resplandecentes Jesus enviou mensageiros de luz para onde Ismael disse haver tanta dor e desolação.

Uma plêiade de espíritos devotados à causa do bem começava a reencarnar para realizar obras divinas dirigidas e inspiradas por Ismael, sob a égide do Cristo, numa pequena cidade chamada Nossa Senhora do Desterro.

Então, em 1688, nasceu Joana Gomes de Gusmão.

O nobre espírito reencarnou em Santos, estado de São Paulo. Levou uma vida digna, e um dia se casou com um homem chamado Antonio Ferreira Gamboa. O casal não teve filhos. Logo que se tornou viúva, ainda moça, a jovem tomou o hábito da Ordem Terceira da Penitência e saiu a pedir esmolas pelo sul do Brasil. Assim estava escrito, pois Joana de Gusmão chegou à pequena cidade de Desterro sem um pertence sequer, exceto por uma pequena caixa onde havia guardado uma imagem de Jesus chamada "Menino Deus". Pedindo esmolas, percorreu ruas e becos de Desterro sempre descalça, com a finalidade de construir uma capela.

Contudo, outro espírito de escol havia sido mandado para Desterro a mando de Ismael: André Vieira da Rosa, um imigrante açoriano. André um dia veio a conhecer Joana e se encantou profundamente com os seus atos de caridade e com o plano da capela. Ele decidiu, então, em 16 de março de 1762, doar um terreno que possuía de dez braças quadradas à nobre mulher. Radiante de felicidade, Joana iniciou a construção imediatamente. Em companhia da amiga Jacinta Clara, ambas se dedicaram a edificar a capela.

Juntas, passaram a alfabetizar e a instruir moças. Acolhiam enfermos e crianças abandonadas. Percorriam as ruas e terras distantes de Desterro para amparar os necessitados. E mesmo com as poucas moedas que conseguiam esmolando, tanto fizeram.

Quando cumpriu divinamente a sua missão, Joana voltou à pátria espiritual, desencarnando aos noventa e dois anos em 16 de novembro de 1780.

Depois da desencarnação da sua fundadora, a capela passou a ser dirigida pela venerável Jacinta, que veio a desencarnar um ano depois. A capela, então, passou à Irmandade dos Passos.

Seguindo um plano delineado carinhosa e cuidadosamente por Ismael, sob a bênção de Jesus, os membros daquela irmandade chegaram à conclusão da necessidade imediata de criar uma Casa de Misericórdia para atender os enfermos e desprovidos de Desterro. Com a chegada dos casais açorianos, a população de Desterro havia crescido muito, e era urgente construir um hospital para atender a todos. Sendo assim, os membros da irmandade se reuniram para decidir sobre a construção do hospital.

Durante a reunião, o tesoureiro da irmandade, Tomás Francisco da Costa, mostrou uma pequena quantia de dinheiro; algumas poucas moedas apenas e disse em seguida:

— Irmãos, meu filho Joaquim pediu esmolas para ajudar na construção do hospital.

E assim o pequeno Joaquim pôde ajudar na construção do tão necessitado hospital para os pobres de Desterro.

Irmão Joaquim era devoto da Senhora do Livramento, o que lhe deu também o nome de irmão Livramento. Era a luz nas trevas quando esta se manifestava, visto que ainda muito pequeno apaziguava brigas entre colegas. Soube ser humilde, mesmo sendo superior em inteligência. Prestou assistência mesmo quando não tinha nada para dar, exceto as suas roupas. Conta-se que um dia, passando por uma rua, o seu coração sangrou ao ver um pobre mendigo tremer de frio. Joaquim despiu-se de suas roupas e as entregou ao pobre homem. Nasceu, assim, o apelido de São Francisco Catarinense.

Aos dezesseis anos, começou a trabalhar como sacristão na Capela do "Menino Deus" com as humildes tarefas de varrer e de preparar os altares. Com que alegria ele varria a capela! Joaquim sabia da importância dos pequenos trabalhos, pois era de tão alta grandeza que tudo fazia com amor. Aprendeu que era indispensável que o espírito aprendesse a ser grande nas tarefas humildes para que soubesse ser humilde nas grandes tarefas.

E nas horas vagas, o jovem se dirigia para as regiões mais pobres de Desterro a socorrer os necessitados com as míseras moedas que conseguia esmolando. Mesmo com tão pouco, Joaquim conseguiu suavizar as necessidades de muitos infelizes. Todavia, eram tantos os pobres e doentes, que se tornou necessário a construção de um local para acolher todos os necessitados. Ele, então, concebeu a ideia de criar uma casa de caridade onde pudesse acolhê-los com maior dignidade: um Hospital de Caridade.

Determinado a desempenhar a contento sua missão, vivia em peregrinações. Durante dois anos, passou a pedir ajuda em todas as freguesias e cidades do Sul do país, passando por todo tipo de provação e sacrifício. Foi assaltado e surrado por bandidos inúmeras vezes, porém nunca fraquejou em sua missão. Caminhava a pé, descalço, vestindo o velho burel de franciscano com uma cabacinha d'água amarrada ao cajado.

A abnegação, determinação e renúncia de irmão Joaquim eram de tal magnitude que, depois de dois anos, retornou a Desterro. Com o que conseguiu arrecadar em suas peregrinações por quase dois anos, fundou o sonhado Hospital de Caridade, que inicialmente teve o nome de Hospital de Jesus, Maria e José.

Trabalhou humildemente no hospital como enfermeiro, privando-se do sono para velar à cabeceira dos doentes e, embora ocupado com os enfermos, continuava a percorrer as regiões mais miseráveis da cidade, amparando as crianças desvalidas.

Irmão Joaquim percebeu que Desterro havia crescido e que havia necessidade de ampliar o hospital. O jovem franciscano então resolveu, em 1791, ir para Lisboa pedir ajuda à rainha, dona Maria I. Muitos riram dele, pois o que ele faria quando chegasse lá? Não conhecia ninguém importante que pudesse ajudá-lo. Como seria recebido pela rainha?

Muitos riram e duvidaram de Joaquim, mas o jovem estava seguindo instruções que vinham de uma esfera tão superior que nós mal conseguimos conceber. Eram ordens de Ismael, e quem podia impedir Joaquim, seguindo ordens divinas que vinham da esfera do Cristo?

Ao retornar à pequena Nossa Senhora do Desterro, Joaquim entregou aos diretores do Hospital a quantia de trezentos mil réis, quantia essa que seria dada anualmente para o Hospital de Caridade por decreto da rainha, dona Maria I, em 29 de novembro de 1791.

Quando percebeu que as coisas estavam indo bem em sua cidade, sentiu a necessidade de ajudar outros irmãos em outras partes. Misteriosos desígnios o inspiraram a ir para o estado da Bahia, onde imediatamente conseguiu, com as esmolas que pedia nas ruas, fundar um asilo para órfãos. No Rio de Janeiro, fundou outro asilo. Em São Paulo, construiu seminários, asilos e escolas.

Quando irmão Joaquim completou 65 anos de idade, agravaram-se os ataques epiléticos de que sofria desde quando era jovem. Contudo, apesar do corpo cansado, tinha consciência de que sua missão não havia chegado ao fim. Havia muitos órfãos e doentes que necessitavam do seu amparo. Assim, em busca de novos recursos para a construção de novos asilos, o venerando senhor decidiu embarcar novamente para Lisboa, porém sem sucesso dessa vez. Resolveu então ir até o papa.

Contudo, ao viajar para Roma, o São Francisco Catarinense foi obrigado a parar em Marselha, pois os ataques epiléticos agora o impediam de seguir viagem.

Vindo das esferas sublimes a pedido de Ismael, um verdadeiro mensageiro do Mundo Maior, irmão Joaquim desencarnou em Marselha em 1829, aos sessenta e oito anos de idade.

Irmão Teodoro não se deu ao trabalho de esconder as lágrimas. Comovido, olhou para o Hospital de Caridade e disse para irmã Matilde:

— *Sim, minha amiga. Uma cidade é feita pelos seus habitantes que aqui deixaram seu legado. Que belo legado Joaquim nos deixou! Que espírito iluminado, que beleza!* — E a emoção embargou a voz do bom velhinho, que, depois de alguns minutos, conseguiu se controlar dizendo: — *Imagine a grandeza desse espírito, cuja vida foi toda alicerçada na caridade! Um verdadeiro missionário da luz que viveu aqui em Florianópolis e que nos deixou um legado divino!*

E em meio a lágrimas, Teodoro e Matilde ficaram em silêncio a contemplar o belíssimo Hospital de Caridade.

9
Dona Diná

A vista do alto do Morro do Bode era muito bonita e de onde se podia ver toda a baía sul e boa parte do continente. O vento sul crispava as águas e arriava as velas dos barcos enquanto a Ponte Hercílio Luz brilhava sob o sol forte.

Dona Diná estava colocando roupas no varal quando ouviu palmas. Ao chegar à frente da casa, alegrou-se quando viu que era Clara com uma amiga.

— Boa tarde, dona Diná! — cumprimentou Clara toda alegre.

— Clara, minha filha, que bom que veio me visitar! — disse a senhora, abraçando a jovem.

— Eu gostaria que a senhora conhecesse minha amiga Vera. Ela é irmã do meu namorado, do André.

Ao estender a mão para cumprimentá-la, Vera sentiu imediatamente uma sensação de profundo bem-estar, pois dona Diná possuía uma vibração tão positiva que gerava uma psicosfera rica em alegria e tranquilidade.

Sentaram-se as três à sombra de um abacateiro no quintal, pois dali se tinha uma bela vista da baía sul.

— Que vista linda! Nunca vi uma vista assim tão bonita de Florianópolis! — exclamou Vera.

— Dona Diná — disse Clara —, a Vera gostaria muito de participar das nossas reuniões de estudo e da caravana da sopa. Quando eu lhe contei sobre o nosso grupo, ela se interessou muito.

A senhora sorriu, dizendo:

— Mas é claro, minha filha. Todos são bem-vindos. Todos os que desejam estudar e servir ao próximo.

Vera agradeceu com um sorriso de alegria. Estendeu a mão para tocar no ombro da boa senhora e lhe disse:

— Obrigada, muito obrigada. Sempre tive o desejo de estudar sobre a espiritualidade. Desde muito jovem esse assunto me fascinou. Contudo — e Vera refletiu sobre o assunto —, pareceu-me que não era a hora certa...

Dona Diná se ajeitou melhor no banco de madeira onde as três estavam sentadas. A sombra do abacateiro era acalentadora e foi então que avistaram, maravilhadas, empoleirado em um galho baixo, um martim-pescador-verde.[11] A senhora soube identificá-lo como macho, pois tinha uma faixa ferrugínea no peito, ao passo que na fêmea esta é de coloração verde. O pássaro gostava de pousar em galhos expostos ao sol, observando

---

11. Nota do autor: Pássaro-símbolo de Florianópolis.

a água, fosse de um rio ou do mar. Clara contou que os casais daquela espécie permaneciam juntos por toda a vida e que se revezavam para cuidar dos filhotes.

— Os homens deveriam aprender uma coisa ou duas com o martim... — comentou dona Diná.

As moças riram do comentário bem-humorado da boa senhora.

Vinha o cheiro bom do mar, ali tão próximo. O vento continuava a soprar forte, pois se podia ouvi-lo sacudindo as janelas da casa.

— É verdade — perguntou Clara — que existe realmente um tempo certo para tudo?

— Sim, minha filha, existe um tempo certo para tudo — explicou dona Diná. — Ao reencarnar, trazemos conosco todo o plano reencarnatório necessário à nossa evolução, elaborado por nós e pelos nossos benfeitores. Desde cedo, percebemos sinais, lampejos do que seria o plano de trabalho a cumprir, mas cada um de nós traz consigo experiências, bagagem e amadurecimento espiritual que conquistamos ao longo das inúmeras existências. Portanto, acredito que não haja um espírito sequer no mesmo nível evolutivo que outro, pois sempre nos faltará alguma experiência ou vivência. Cada um de nós tem o seu momento certo de maturidade, baseado não apenas no acúmulo de experiências e aprendizado, mas também pela utilização desses conhecimentos em prol de si e do próximo.

Vera e Clara ouviam atentas. A voz de dona Diná era baixa, e a boa senhora falava devagar, como se não tivesse pressa, e não tinha mesmo. As tardes eram longas, quase intermináveis, havia ainda naquela época o tempo livre, que a boa velhinha gostava de passar observando um passarinho no galho de uma árvore ou um barco a deslizar nas águas verdes da baía sul.

Vera fitou a pele negra da senhora, os cabelos já brancos, sua bondade refletia-se em suas palavras e gestos. Usava um vestido florido azul-claro, cujo tecido a irmã de André percebeu ser muito simples. Dona Diná tinha os olhos pretos, muito expressivos, e o seu sorriso era contagiante, exibindo dentes brancos e perfeitos. Ficou sabendo por Clara que ela tinha muito orgulho de ser negra e que o preconceito que ainda sofria a entristecia muito. Contudo, nada tirava o sorriso dos seus lábios, dizendo sempre que a alegria com que encarava a vida e suas dificuldades era o seu maior patrimônio.

— Portanto, filha — continuou dona Diná —, acredito, e não que eu tenha lido isso em algum livro, mas penso que cada um de nós também reencarna, não com uma data precisa, mas com um tempo certo de maturação, como as frutas e as flores. Pense bem, tente apressar um pé de rosas, não é possível. Nós também temos a hora certa para despertarmos.

Ficaram em silêncio por alguns minutos, como se meditassem no que tinha sido dito. Clara observava a Ponte Hercílio Luz, que, do alto do Morro do Bode, via-se perfeitamente. Podiam-se ver com clareza o assoalho de madeira, as guaritas e os postes de iluminação. Aquela ponte que passou a ser o símbolo da moderna Florianópolis tornou-se também símbolo da maturidade espiritual da jovem, pois foi no dia de sua inauguração que ouviu uma das vendedoras da loja comentar sobre o grupo de estudos dirigido por uma senhora negra no Morro do Bode. Um simples comentário desencadeou o seu interesse pelos estudos e, posteriormente, pelo comprometimento com a caravana da sopa. Chegara a sua hora, o tempo certo. A moça concordou com o conceito do tempo de maturação abordado por dona Diná e lembrou-se de uma história, que compartilhou com as duas amigas, enquanto comiam amoras que apanhavam de um pé ali próximo.

— Dona Diná, Vera — disse Clara —, quando eu e meu irmão Vinícius éramos crianças, morávamos no sul da ilha. Costumávamos passear pelas matas e brincar subindo nas árvores e vivíamos correndo atrás das borboletas. Certo dia — e a jovem sorriu ao lembrar-se de como era curiosa —, Vinícius e eu encontramos umas "coisas" estranhas penduradas. Não sabíamos que aquilo que vimos se chamava casulo.

Clara pareceu iluminar-se ao se recordar daquele dia de sua infância. O irmão tinha perdido os dentes de leite da frente e costumava fazer a irmã morrer de rir, exibindo o sorriso banguela.

— Um dia, quando chega "o tempo certo" — e olhou para dona Diná com um leve sorriso —, a lagarta pendura-se num galho, tece um casulo sedoso ao seu redor que, ao endurecer, recebe o nome de crisálida. A lagarta, feia e rastejante, passa, então, por um processo radical chamado metamorfose. Algum tempo depois, ela rompe a crisálida para dali emergir como uma borboleta — disse ela, orgulhosa de saber um pouco sobre o assunto que tanto a fascinava.

E, sorrindo, Clara acrescentou:

— Mas um dia, Vinícius e eu encontramos esses casulos pendurados num galho. Queríamos ver as borboletas mais do que nunca! E notamos que algo dentro dos casulos movia-se, como se se contorcesse de dor! — a voz da moça deixava transparecer a aflição que ela, quando criança, sentiu ao ver a lagarta se contorcendo dentro do casulo.

Clara se emocionou ao se lembrar do bichinho.

— Não queríamos que a lagarta sofresse, pois ela parecia sofrer. Parecia que sentia dores e que o processo de transformação de lagarta em borboleta era dolorido! Então, resolvemos ajudá-la, rompendo a crisálida com os dedos para que a lagarta pudesse, enfim, sair voando como uma borboleta. Contudo, foi antes do tempo certo. Não era hora ainda para a feia e rastejante lagarta ganhar asas e levantar voo. Era cedo demais, ela não estava preparada.

Clara olhou para as amigas com os olhos rasos d'água e disse comovida:

— A lagarta continuou se contorcendo na palma da minha mão e não virou borboleta. Acabou morrendo.

— Esse tempo certo, minha filha — falou dona Diná —, é pessoal e intransferível. Como não podemos prever e poupar a dor da lagarta, não podemos apressar a sua metamorfose. Isso nos traz outro conceito muito importante, o da tolerância. Precisamos ser pacientes e tolerantes com as pessoas, pois se elas ainda não conseguem ver e compreender o que para nós é tão claro, isso se dá exatamente porque essa pessoa ainda não atingiu o momento certo de romper a sua crisálida.

Vera levantou-se e sentiu o vento bom que vinha do mar a lhe acariciar, aquele vento que tombava folhas secas e as fazia rodopiar no ar, levantando as saias das moças. O vento parecia que iria tirá-la do chão, e Vera gostou do que sentiu. Então, olhou para as amigas e disse:

— Uma vez li sobre Francisco de Assis. Jovem festeiro, mulherengo e fanfarrão, despreocupado com a dura realidade ao seu redor. Sua mãe tudo tentou para despertar no filho a consciência das dificuldades e das dores do mundo, mas não era o tempo certo ainda, como dissemos. Foi preciso atingir esse momento de maturidade espiritual, aos 23 anos, para que a lagarta Francesco di Bernardone se transformasse na borboleta Francisco de Assis.

Quando se sentou no banco ao lado de dona Diná e Clara, Vera sentiu-se imensamente feliz. Não soube explicar o que era aquele arrebatamento que sentiu inesperadamente, mas era bom o suficiente para que fechasse os olhos, saboreando cada segundo daquele bem-estar. Talvez fosse a conversa interessante com as amigas, ou talvez porque o vento sul soprava forte naquela tarde. Sentiu-se bem, como havia muito não se sentia, longe da sua casa luxuosa e fria dos pais austeros e secos. Pareceu à moça que estava iniciando seu processo de metamorfose, como se fosse uma lagarta. Começou a encarar a vida com outros olhos, com uma nova abordagem. Rompeu-se a sua crisálida, ela disse a si mesma.

— Dona Diná, existe o destino? — perguntou Vera, escolhendo bem as palavras.

— Depende de como você define "destino", minha filha. Veja bem — e agora era a bondosa senhora que escolhia bem as palavras —, quando um espírito reencarna, isto é, nasce mais uma vez, ele traz consigo as experiências, o conhecimento, as inclinações e as virtudes adquiridas ao longo de suas existências. Como estamos ainda muito longe de sermos seres perfeitos, trazemos conosco também as nossas imperfeições. O desejo de evoluir, de progredir espiritualmente é o que nos impulsiona a reencarnar. É a vontade de ser um espírito melhor e livre das imperfeições que nos leva às novas experiências na Terra. Antes de nascer, junto com nossos mentores espirituais, são estabelecidos os meios com os quais iremos evoluir de acordo com nossas necessidades expiatórias ou provatórias.

Vera interrompeu a explicação de dona Diná, dizendo:

— Estou maravilhada, dona Diná. É exatamente o que eu sempre pensei, embora jamais pudesse me expressar tão claramente, mas por favor, continue.

— Senti a mesma coisa quando comecei os meus estudos, Vera. A mesma impressão que eu já sabia disso tudo; foi como um relembrar. Estranho, não é? — disse Clara.

Vera concordou com a amiga e comentou:

— O filósofo grego Sócrates dizia que aprender era recordar. Interessante, não é mesmo?

Dona Diná prosseguiu explicando:

— Verdade o que Sócrates disse. Trazemos essas impressões de nossas outras encarnações ou de experiências no mundo espiritual, especialmente durante a erraticidade, que é o período entre uma reencarnação e outra. Mas, minha filha, sobre o destino...

Vera e Clara ouviam com atenção.

— Nascemos com uma programação reencarnatória necessária e justa para a nossa evolução. Nessa programação estão incluídos os nossos resgates por meio das expiações e pela Lei de Causa e Efeito, da qual ninguém escapa! — e riu da própria observação.

— Quem com ferro fere... — disse Clara

— ...com ferro será ferido — complementou Vera.

— Falando desse modo — continuou dona Diná, acomodando-se melhor no banco —, parece-nos uma lei punitiva e severa, mas Deus, em Sua suprema inteligência e bondade, jamais puniria seus filhos. A Lei de Causa e Efeito é semelhante a outro ensinamento de Jesus Cristo, "A cada um segundo suas obras", ou ainda, "Cada um colhe o que planta". É muito importante, minhas filhas, que vocês saibam que é o próprio espírito que pede o que alguns chamam de "destino", seja um problema físico, uma doença, a pobreza ou mesmo a riqueza, pois o reencarnante sabe que essas experiências no mundo físico lhe permitirão evoluir espiritualmente. A evolução espiritual é o propósito da reencarnação, e os resgates, por meio da expiação, são os meios para evoluir.

Dona Diná fez uma pequena pausa. Observou uma gaivota que voava em círculos rasos. E então continuou:

— Conheço um homem, minhas filhas, que sofre muito com um dos seus filhos, que lhe dá muito desgosto. O propósito de sua reencarnação é evoluir sua paciência, tolerância e amor por meio do problema com o filho. Consequentemente, salda uma dívida com a justiça divina por ter sido um filho que deu muito desgosto para o seu pai em outras vidas. Não lhe parece justo? Entretanto, não se esqueçam de que cada um de nós tem o livre-arbítrio, que é a liberdade de aceitar ou não, prosseguir ou desistir, do plano reencarnatório. É aí que a palavra "destino" não se aplica bem, pois para mim destino é algo que não podemos mudar, não está em nossas mãos. O que chamam de destino nós chamamos de "fatalidade", isto é, as provas físicas que foram escolhas feitas pelo próprio espírito para sua evolução. Nascer cego, por exemplo. Essas provas são independentes da nossa vontade. Contudo, quando falamos sobre as provas morais, o espírito sempre terá o livre-arbítrio para resistir às tentações, o que chamamos de "determinismo". Todo ser tem em suas mãos a liberdade de ceder ou de cair numa tentação, de guardar a arma ou de puxar o gatilho.

Clara olhou para Vera e percebeu seus olhos molhados. Lembrou-se de quando ouviu a mesma explicação e de como tudo lhe pareceu tão correto. Tudo fazia sentido!

Sorriu para a amiga, tocando em suas mãos carinhosamente. Cresciam laços afetivos entre ambas. E mais uma vez Clara não teve dúvidas de que ela e Vera já eram amigas de outras existências. Pareceu-lhe que procurara uma amiga como Vera toda a sua vida, pois almas afins se buscam sempre que separadas.

Percebeu como a irmã de André inclinou-se para afagar Chico, o gatinho de dona Diná, que se espreguiçava preguiçosamente sobre a grama.

O vento sul agora parecia soprar com mais força, encrespando as águas da baía sul. Uma lufada de vento derrubou latas e garrafas que estavam sobre uma mesa e as roupas no varal de dona Diná pareciam que tinham ganhado vida, tentando se soltar dos prendedores. A temperatura caiu consideravelmente. Logo, formaram-se nuvens escuras no céu da cidade e, em poucos minutos, desabou um temporal.

As mulheres do morro corriam para recolher as roupas antes que molhassem. Crianças voltavam para casa com os pés cheios de lama.

Dona Diná, Vera e Clara tiraram as roupas do varal com pressa e riam da felicidade infantil de se molhar com a água da chuva, que viera de repente no fim da tarde.

Já dentro de casa, Vera sorriu dizendo:

— Que maravilha este temporal, como se viesse coroar o fim de uma tarde inesquecível!

Clara concordou com um sorriso, aceitando uma toalha que dona Diná lhe dera para se secar.

— Dona Diná — disse Vera, aproximando-se da senhora — eu...

A emoção embargou-lhe a voz. Então, mesmo sem dizer nada, abraçou a boa velhinha e lhe disse no ouvido:

— Obrigada...

Comovida, soube aproveitar os pequenos grandes momentos. A chuva caía sem tréguas a batucar no telhado de zinco. Sentiu o cheiro bom do café que dona Diná estava coando e, quando viu que ela tinha tirado uma assadeira de bolo do forno, soltou um grito de alegria:

— Deus! Que felicidade!

Clara, ao testemunhar a alegria da amiga, pensou em voz alta:

— Ah, as pequenas grandes alegrias da vida. Às vezes é tão simples ser feliz, não é mesmo?

Enquanto aguardavam o café, continuaram a conversar sobre espiritualidade e até mesmo sobre uma receita de bolo de fubá, mesmo porque, como dona Diná costumava dizer:

— Espírita também come!

10

Abandono

Naquela noite, antes de dormir, Clara fez uma prece e conversou com Deus, como sempre fazia. Sua vida, ela depositava em Suas mãos, sábias e bondosas. Sempre fora assim.

E foi pensando nessas coisas que logo pegou no sono. Entretanto, Clara estava preocupada e ansiosa demais para ter um sono tranquilo. Teve pesadelos e um calafrio percorreu-lhe o corpo.

Sonhou com uma mulher que, na calada da noite, trazia uma criança recém-nascida nos braços. Ofegante, trazia o desespero nos gestos afoitos e no rosto molhado pelas lágrimas. No escuro da noite, era difícil de enxergar, mas sabia o que lá estava: a roda dos expostos.

Preocupados com o crescente número de crianças abandonadas pelos pais ou mães solteiras que ficavam expostas ao tempo e ao ataque de animais, assim como a toda sorte de perigos, foi criada no Hospital de Caridade, em 1828, a roda dos expostos.

A roda consistia em uma armação giratória, como uma prateleira, na qual, na parte externa do mecanismo, podia-se colocar o bebê. O peso da criança fazia com que o mecanismo girasse, recolhendo-o ao hospital.

No sonho, a moça olhou a roda dos expostos. Ela mais parecia uma máquina engolidora, quase um monstro que engolia crianças.

No sonho, ouviu a mulher a murmurar, entre lágrimas:

"— Mas o que fazer? Como criar esta criança? Onde arrumar dinheiro para sustentá-la? Como explicar que não sabia como aquilo foi acontecer! Como me descuidei tanto? Agora, sozinha, sem ninguém para me apoiar!".

No escuro, ela viu o monstro à sua frente, e ele parecia faminto. A moça precisava alimentá-lo, e então colocou o seu bebê recém-nascido na roda.

Para o seu espanto, o bebê começou a gritar:

"— Mamãe, mamãe! Não me abandone, não faça isso comigo, mamãe!".

O terror tomou conta da moça, pois como era possível que o seu bebê falasse? Ele era recém-nascido, como podia falar?

Os olhos da criança se encheram de lágrimas à medida que a prateleira da roda iníciou o seu processo de girar: ela ia girando, vagarosamente.

Parecia que ela ia enlouquecer com os gritos da criança. Quando ela viu os olhinhos do seu filho, como se lhe pedissem para não abandoná-lo, a moça gritou! Dentro do seu ser, cresceu uma força descomunal.

Sentiu-se tomada por uma dor indefinível. Mais lágrimas saltaram dos seus olhos e então gritou:

"— Jamais abandonarei o meu filhinho! Jamais!

— Mamãe, mamãe! Não me abandone, não faça isso comigo, mamãe!" — gritava o bebê.

A mulher chorava de aflição ao ver seu filhinho na roda. Ele parecia tremer de frio, mas quando tentou se mover para salvar a criança do monstro, do chão brotaram enormes tentáculos que se enrolaram nas pernas dela, impedindo-a de se mover. A mulher gritou de desespero, tentando se livrar dos gigantescos braços que lhe impediam de salvar o seu filho, mas foi em vão.

Então, ouviu o rangido da roda girando, bem devagar, até que não conseguiu mais ouvir os gritos do bebê.

A moça deu um grito final, caindo de joelhos em prantos.

Vinícius correu até o quarto da irmã e a amparou em seus braços.

— Calma, Clara, calma... foi só um pesadelo, só um sonho ruim, minha irmã; calma...

꙳

O dia seguinte passou que Clara nem sentiu, tamanho o entorpecimento causado pelo estranho pesadelo.

Tentou desviar o pensamento e trabalhou o dia todo e orou, enquanto atendia uma ou outra freguesa. No fim do dia, voltou para sua casa, tomou um banho rápido e foi correndo se trocar. Esperou por Vera na porta do cortiço, ansiosa.

Depois de algum tempo, ficou apreensiva. "Por que ela demorava tanto?", pensou.

Ao consultar o relógio, viu que um homem se aproximou e lhe perguntou:

— Clara? A senhorita se chama Clara?

Ao afirmar que sim com a cabeça, o homem lhe deu uma carta. Clara tremia, pois o que poderia ser aquela carta? E de quem? Teria acontecido algo?

E, então, na luz fraca de um lampião na porta do cortiço, a moça leu a carta com tristeza:

Querida Clara,
Não posso mais vê-la. Tente entender. Meus pais irão me deserdar se eu me casar com você.
Tente compreender a minha situação, não há nada que eu possa fazer.
Eu jamais amei alguém como a amo.
André

Clara deu um grito de dor e, pela primeira vez na vida, quis morrer.

Desesperada, subiu o morro até a casa de dona Diná. Abraçada à senhora, Clara debulhava-se em lágrimas, tentando explicar o que havia acontecido. Sentia uma dor atroz no coração e bebeu um pouco da água com açúcar que a amiga a forçou a tomar.

— Como pôde ele? — ela se perguntava. — Como pôde ele?

No escuro da noite, seus olhos molhados reluziam na penumbra. Uma vela ardia, e sob sua tênue luz, dona Diná condoeu-se ao ver o modo como Clara apertava entre as mãos a cabeça, que doía.

Dona Diná desdobrou-se para acalmá-la, mas nada aquietava sua dor. Ouviu alguém bater palmas. Ao atender, viu que era Vera, visivelmente preocupada. Após cumprimentar a dona da casa e correr para abraçar Clara, imediatamente lhes contou o que havia acontecido.

— André teve uma briga muito séria com meus pais, que o proibiu terminantemente de vê-la de novo, Clara. Ameaçaram-no deserdá-lo, por isso ele cedeu. O dinheiro sempre foi o ponto fraco do meu irmão, e meus pais sempre souberam disso. O calcanhar-de-aquiles dele é a herança da família. André jamais soube viver sem dinheiro e do dinheiro ele provavelmente jamais se separará. E, para complicar, até eu estou proibida de falar com você. Vim hoje escondida e às pressas. Você não sabe o poder da minha família, das chantagens de que são capazes.

Em seguida, levemente envergonhada, abraçou a amiga, e disse:

— Eu não sei o que dizer, tenho muita vergonha do meu irmão. Vergonha! Eu queria tanto que tudo fosse diferente! E agora, Clara, o que vai fazer? — perguntou Vera, tocando-lhe as mãos em um gesto cheio de ternura.

Olhou para dona Diná, que a tudo escutava sem interferir.

Clara estava inconsolável. Entregue a copioso pranto, continuava abraçada à amiga.

Foi dona Diná quem disse, transparecendo imensa tristeza:

— Clara está grávida.

Agitou-se a cortina com uma lufada de vento que bruscamente entrou pela janela entreaberta. A chama da vela fraquejou, vacilante. Uma porta bateu com estrondo.

Vera levou a mão à boca, surpreendida pela revelação. Seus olhos deixaram transparecer profunda preocupação e angústia.

Clara deixou a cabeça pender para trás, em um gesto desolador. Vera afagou as mãos, porém não encontrou palavras para acalmar a amiga. Não sabia o que dizer e, envolvida num halo de tristeza, não conteve o pranto.

E do alto do Morro do Bode era possível avistar toda a cidade de Florianópolis, silenciosa e bela.

No céu, havia a Lua a iluminar o escuro da noite.

11
Amor inocente

O pó se acumulava com o passar do tempo. O vento sul ainda fazia tremular as bandeiras nos prédios públicos e as roupas no varal das casas e, assim, tudo continuava como sempre continuou.

O planeta Terra completou a rotação ao redor de si e assim se passou mais um dia; depois de várias rotações, dias haviam se passado. As canoas dos pescadores partiam rumo ao mar aberto ao amanhecer e, ao cair da tarde, atracavam no cais, sob a morna luz dos lampiões trazendo sua preciosa carga. Construíram novas casas e outras foram demolidas. Chegaram novos moradores ao morro, enquanto do trapiche Miramar outros partiram em busca de uma vida melhor.

Dona Diná continuava a atender a todos que subiam o Morro do Bode, sempre com uma palavra de conforto e uma xícara de chá de ervas. Vinícius, irmão de Clara, conheceu uma moça chamada Júlia e estava contente. Vera passou a estudar as obras de Allan Kardec com acuidade e, com grande alegria, participava da caravana da sopa.

Clara continuava a trabalhar na loja de tecidos, que empregava seis vendedoras e apenas um vendedor, chamado Bernardo. O rapaz, embora muito gentil e simpático com os fregueses, guardava em seu íntimo uma profunda ansiedade e preocupação.

"Preciso ganhar dinheiro, preciso juntar a quantia necessária!", ele pensava, enquanto atendia aos fregueses da loja. Quando os amigos convidavam o jovem para sair e se divertir, engolia a vontade de se juntar a eles, pois era preciso guardar cada tostão que ganhava! Foi assim por meses, até que conseguiu economizar uma quantia ainda pequena, mas suficiente, para enfim pedir sua namorada Susana em casamento.

Naquela época, ainda quase não se falava em passar o domingo em uma das belíssimas praias da cidade. A moda era dar voltas ao redor da figueira da praça. Acredita-se que a figueira tenha nascido por volta de 1871 em um jardim que existia em frente à Igreja Matriz e sido transplantada para o centro da praça em 1891.

Susana e Bernardo se conheceram na Praça XV, num domingo, quando os jovens da cidade reuniam-se ao redor da figueira para ver se arrumavam um namorado, e foi num desses domingos que ele a conheceu.

Aproximando-se de mansinho, ela lhe perguntou as horas, parecia que esperava por alguém. Olhava para os lados, ansiosa, como se procurasse por algum conhecido. Bernardo, tímido, manteve-se calado e olhava para os lados também, como se estivesse ajudando a moça a avistar quem ela tanto procurava.

Acabaram dando uma, duas, três voltas ao redor da figueira, quando ela perguntou as horas mais uma vez. Bernardo pensou que talvez a sua presença fosse enfadonha, mas na verdade era tarde mesmo; além do mais, Susana morava no Distrito do Saco dos Limões. Um gentil Bernardo então se ofereceu para acompanhá-la.

Com aproximadamente 500 casas e três mil habitantes, Saco dos Limões contava com várias casas de comércio na época e até um cinema, o Cine Glória. Moradores e lojistas do distrito tinham um plano para diminuir a distância do distrito com o centro de Florianópolis. Havia uma montanha que separava as duas partes da cidade, então eles tiveram uma grande ideia, remover a montanha!

No jornal *O Estado*, um famoso jornalista da época que assinava pelo enigmático nome de "M", defendia "a remoção das montanhas e o uso da terra para aterrar a baía".[12] Dizia ele que as montanhas constituíam um verdadeiro anteparo aos raios de sol e aos ventos.

Escreveu artigos para o jornal, sendo que num deles intitulado "Florianópolis é uma cidade doentia", o misterioso "M" alegava que a cidade estava doente e que o foco da insalubridade seriam as montanhas, especialmente a tal da montanha que separava o centro do distrito de Saco dos Limões.

— Vai dar um trabalhão remover toda aquela terra da montanha! Já imaginou? — falou Bernardo.

---

12. Nota do autor: Frase colhida na matéria "Florianópolis é uma cidade doentia", do jornalista "M", publicada no jornal *O Estado* em 27 de fevereiro de 1930.

Susana riu do comentário e deixou que Bernardo a levasse até o Saco dos Limões de ônibus, que saía dali pertinho, em frente ao trapiche Miramar.

Enquanto o ônibus não saía, pesou o silêncio entre os dois. O suor inundava a fronte de Bernardo, sentindo que precisava dizer algo, pois o que ela iria pensar dele? Precisava dizer algo inteligente! Muito inteligente!

— Tem muito limão lá no Saco dos Limões? — perguntou de supetão.

Foi a coisa mais estúpida que o pobre moço disse em toda a sua vida. Tão estúpida foi a pergunta que Susana caiu na gargalhada, e ambos começaram a perder a timidez. Logo, já falavam de outras coisas.

— Susana, fui ver o Rin-tin-tin lá no Cine Royal! Você tem de ver!

— Ah, eu vi semana passada uma peça muito engraçada, Bernardo, você iria adorar! *Therezinha e Minuto*, no Teatro Álvaro de Carvalho. Assisti também ao *Moços com moças, velhos com velhas...*

Enquanto ela descrevia o enredo das peças, Bernardo reparava em como a moça era linda! Tinha os cabelos escuros, longos. Era clarinha, mas os cabelos e os olhos eram pretos, o que lhe dava um ar sensual. Era tão simpática! E ela riu quando ele perguntou se tinha muito limão no Saco dos Limões! Não era perfeito?

Foi amor à primeira vista!

Na loja de tecidos, comentou com todas as outras vendedoras que tinha encontrado "alguém". As moças se animaram todas, pois queriam detalhes! Uma das vendedoras era Clara, que lhe perguntou:

— Ela fisgou você, hein, Bernardo?

Ele, tímido, baixou os olhos, mas feliz da vida, respondeu:

— Acho que sim! Desta vez, vai!

E uma indescritível alegria o tomou por inteiro. Deixando transparecer nos olhos o quão feliz se sentia, passou a cantarolar e a cumprimentar a todos que encontrava pelas ruas. Afagava a cabeça das crianças e se inclinava para acariciar os animais. Estava experimentando uma alegria que desconhecia, e o contato com algo tão novo para ele era motivo de perplexidade. Surpreendia-se com as belezas que passavam despercebidas. O amor o inquietou despertando-lhe encantamento com a vida. Era uma simples mariposa a voar, ou então o reflexo de um barco nas águas cálidas e tranquilas ao redor do trapiche. Passou a andar sorrindo pelas ruas e até água de cheiro passou a usar.

Certo domingo, Bernardo e Susana foram à Praça XV dar as intermináveis voltas ao redor da figueira de que ela tanto gostava. Tomaram um suco de laranja e comeram salgadinhos. O rapaz gostava de pipoca salgada e a moça gostava de pipoca doce. Ela comentou que gostava de assistir às competições de remo; ele disse que achava injusto cobrar pedágio na ponte Hercílio Luz.

Enquanto Bernardo falava de um outro filme a que tinha assistido, *O corcunda de Notre Dame*, Susana continuava com aquele hábito que o intrigava: o de olhar em volta o tempo todo, como se procurasse por alguém; eram olhadas quase imperceptíveis, mas que não passavam despercebidas ao atento Bernardo.

À medida que o tempo passava, mais ele se apegava à moça. Ele queria conhecer os pais dela, contudo ela dizia que não: era cedo demais, só se fosse para pedi-la em casamento!

"Eu sou tão pobre", pensou o moço, "como pedi-la em casamento? Como lhe dar tudo o que ela merecia? Mas posso arrumar um outro trabalho, um biscate qualquer, e assim juntaria dinheiro para pedi-la em casamento."

E foi o que fez. Trabalhava até as seis da tarde na loja de tecidos e, aos domingos, cortava grama nas casas dos ricos na Praia de Fora. Fazendo um bico aqui e outro ali, mal tinha tempo para dormir, mas estava feliz. E todos percebiam a sua felicidade.

As vendedoras da loja estavam curiosas.

— Quando vamos conhecer a famosa Susana? — perguntava uma.

— Por que não a traz aqui para que possamos conhecê-la? — perguntava outra.

— Bernardo está na-mo-rannnn-do.... — dizia Clara, cantando num tom infantil, deixando o moço vermelho de vergonha.

Atrasou o pagamento do aluguel do quarto por inúmeras vezes e deixou de almoçar várias outras. Porém, Bernardo foi aos poucos e com muito sacrifício juntando o dinheiro necessário para pedir a mão da amada em casamento, pois era o que desejava. Nada mais queria na vida do que amar e ser amado, e tal ensejo lhe roubou a paz. O tempo passava rápido e ainda não havia conseguido guardar toda a quantia de dinheiro. Desdobrou-se na loja para vender cada vez mais tecido e sacrificava seu horário de almoço ajudando o contador com as notas fiscais, pois assim podia ganhar uns trocados.

Guardava o dinheiro que conseguia economizar numa caixa de sapato e a escondia no meio de cobertores velhos no guarda-roupa. No cabo de alguns meses, tinha quase toda a quantia necessária para ir até aquele distrito onde tinha muitos limões e pedir Susana em casamento para os pais dela. Pediria um terno emprestado, faria uma prece para pedir proteção e, então, teria a amada para o resto da vida.

Num domingo, eles foram namorar na praça. Enquanto ela falava de um filme a que assistira, ele a interrompeu subitamente e lhe contou sobre o seu plano.

— Susana, venho economizando há um tempo, não é muito, mas acho que é suficiente para a gente se casar. Sabe — e Bernardo tomou as mãos da moça carinhosamente —, acho que posso pedir a sua mão.

Ele acariciou o queixo de Susana com o dorso da mão, e ela então disse com os olhos úmidos:

— Mas é muito caro casar hoje em dia; tem a igreja, o enxoval, a aliança!

Mas Bernardo assegurou:

— Eu tenho o suficiente! Você vai ver!

Susana o abraçou, e o moço fechou os olhos agradecendo a Deus por tamanha bênção.

"Eu vou me casar! Irei formar uma família, ter uma esposa e muitos filhos! Finalmente, amo e sou amado!", era o que pensava ao receber a amada, que recostou sua cabeça no seu ombro.

"Ela me faz tão bem!", o rapaz pensou em voz alta. Ao ouvir, Susana fitou o belo homem que lhe pareceu ser o homem mais bonito da ilha e lhe disse com ternura:

— Você também me faz muito bem.

A felicidade tomou conta de Bernardo de tal forma que ele era só sorrisos. Nunca havido sentido tanta felicidade, tanta alegria em viver. A princípio, estranhou tal sensação de leveza que sentia, porque não estava acostumado com tanta felicidade. E, um dia, ao se olhar no espelho, disse a si mesmo:

— O amor é um fazer bem ao outro. Ela me faz tão bem! — e gostou do que falou, embora não conseguisse se lembrar de onde tinha ouvido ou lido tal frase.

No domingo, se encontraram. Ele estava felicíssimo e lhe trouxe flores. Ela desatou a chorar.

— Por que está chorando? — ele perguntou, aflito.

— Briguei com meus pais, eles não aprovam o casamento, querem que eu me case com uma pessoa da sociedade de Florianópolis! Alguém que possa me dar todo o conforto!

Bernardo pousou na amada os olhos úmidos. A pobre moça debulhava-se em lágrimas. Ao se acalmar, ela disse a ele que iria fugir de casa. E então lhe perguntou:

— Vamos fugir! Você me ama, Bernardo?

— Sim, Susana, e como! Mas para onde iremos? Como assim, fugir? — ele perguntou, mostrando preocupação.

Com uma grave expressão no semblante, Susana lhe disse:

— Se não fizermos isso, você jamais me verá de novo. Precisamos fugir! Eu já pensei em tudo!

Combinaram, então, que durante a noite ele esperaria por ela em um beco atrás da catedral, pois assim não teria perigo de ninguém descobrir. E juntos começariam uma vida nova, longe de Florianópolis.

Decidido a fugir com a amada, Bernardo pegou então o dinheiro que economizara e a pequena mala que tinha e esperou por ela no local combinado. O coração batia acelerado! Era como nos filmes a que assistia, que tanto amava.

"Que excitante! Vou fugir com o meu amor!", pensava, contente com a perspectiva de uma vida feliz com Susana, pois nada mais lhe importava.

A sombra de um homem se projetou na calçada. O estranho veio por detrás sorrateiramente e deu uma paulada tão forte na cabeça de Bernardo que ele caiu de joelhos, sangrando.

O homem dava chutes no pobre moço, que gritava de dor. Estava escuro, e quem escutaria os seus gritos por socorro? Quanto mais Bernardo gritava mais o homem o chutava.

Foi quando, mesmo entre a visão quase turva, embaçada pelas lágrimas e pelo sangue, que Bernardo avistou uma mulher que se aproximava. Ela ria muito!

Susana abraçou o estranho e imediatamente lhe perguntou sobre o dinheiro.

— O dinheiro! Pegou o dinheiro? Cadê o dinheiro? — ela perguntava ansiosa.

Quando viu as notas de dinheiro que Bernardo havia enrolado em um lenço, ela se deu por satisfeita. Olhou para aquele que, caído na calçada, sangrava e lhe disse:

— Não é muito, seu pobretão. Achou realmente que eu ia me casar com você? Pensou realmente que eu o amava?

Ela e o comparsa então riram, e, no silêncio da noite, o riso de ambos ecoou pelos becos escuros. Um cachorro vadio que farejava um cesto de lixo assustou-se e saiu correndo.

Sentindo dores atrozes, Bernardo tentou se manter em pé, mas em vão. As pernas fraquejaram, e ele tombou na calçada. Mesmo estando longe, Bernardo ainda ouvia a risada da moça, que falava alto, justamente para ele poder ouvir.

— Ele pensou que eu o amava! Hahahaha, ele pensou que eu o amava, que desta vez iria amar e ser amado!

Com uma dor indefinível, lágrimas saltaram dos olhos do rapaz.

Durante muito tempo ficou sem ao menos saber o que tinha acontecido; por muito, muito tempo ainda ouvia o eco da risada de Susana zombando dele.

Uma eternidade pareceu-lhe passar para que a lágrima se desprendesse dos cílios e caísse, lentamente, pela sua face. Uma outra eternidade passou até que conseguisse mover um dedo. Eternidades se passaram para que finalmente conseguisse se levantar e abrir os olhos. Reparou, então, a camisa ensopada de sangue.

"Mas o que aconteceu, Deus? O que foi aquilo? Isto não está acontecendo, isto não está acontecendo! É um pesadelo!", Bernardo pensava entre lágrimas, sufocando um grito.

Tentou mais uma vez caminhar, mas se desequilibrou, caindo na calçada.

Não muito longe de onde Bernardo estava, uma pequena multidão de pessoas se reuniu. Ansiosos e famintos, esperavam avistar na subida da Praça XV a pequena carroça puxada pelo burrinho Barnabé.

O grupo de dona Diná se reunia para a distribuição da sopa todas as terças e quintas.

Naquela noite, soprava um vento frio vindo do mar. Aquecidos pelo ensejo de alimentar os que tinham fome, deslocaram-se do Morro do Bode até a catedral. Caminhavam todos em silêncio, sob a luz morna das lamparinas. Clara estava entre eles, caminhava ao lado de dona Diná e de braços dados com Vera.

Clara nunca mais soube nada do irmão de Vera. Nunca mais viu André. Poderia perguntar à amiga e saber o que estava acontecendo. Saber se ele havia mudado o corte de cabelo, no que estava trabalhando, até mesmo o que tinha comido no jantar. Qualquer coisa. Porém uma voz amiga lhe falava ao ouvido para não percorrer aquela via e que o melhor era aprender a se desapegar do que um dia fora a razão da sua felicidade. Nisso, o tempo também depositava o seu pó. No começo, podia haver uma resistência, uma luta armada e dolorosa contra a verdade, contra a realidade, mas o dia se transformaria em noite e a noite se transformaria em dia e, aos poucos, ela iria perceber que André não voltaria mais. Magoava demais saber que ele não se importava com o seu bem-estar. Vera havia contado a ele que Clara estava grávida. Contudo, ele nunca a procurou.

Quando chegaram à catedral, já havia se formado um pequeno grupo de irmãos infelizes que, famintos, esperavam ansiosos pela chegada do grupo de dona Diná. Logo, Clara e os amigos foram arrumando as panelas, e a sopa quentinha foi servida com alegria! Pois era assim que gostava Jesus, que a caridade fosse feita com alegria.

Mais uma vez, Clara se maravilhou. Era tão pouco o que tinham para doar e tantos para ajudar. Mesmo assim, nenhum dos moradores de rua do centro de Florianópolis ficava sem um prato de sopa do grupo de dona Diná e de uma palavra amiga.

Clara, mais uma vez, se encantou, e dona Diná, como se lesse os pensamentos da jovem, disse-lhe:

— É a fé no nosso Senhor, minha amiga! Fé! Temos pouco para dar, mas o nosso pouco é muito para a grande maioria dos que deste muito pouco necessitam. Não desprezes o poder da migalha na obra do auxílio.

E mesmo com tão pouco, nunca faltou nada. Um dia, Clara perguntou para a bondosa senhora de onde vinha o dinheiro para comprar os mantimentos que serviam. A diretora do grupo se esquivou, apenas dizendo:

— De uma alma bondosa, filha. De uma boa samaritana.

Sentindo que não poderia saber mais, afastou-se da amiga e nesse instante sentiu uma forte inspiração. Era como se alguém a orientasse para ir até a esquina e caminhar até um beco. Clara não teve medo e seguiu a inspiração.

Ao chegar até um canto escuro logo atrás da catedral, avistou um homem caído. No começo, a jovem teve um certo receio, pois estava sozinha.

Mas alguém sussurrou no seu ouvido para não ter medo e que confiasse na espiritualidade. Tomada por uma força que ela desconhecia, a moça venceu o temor e caminhou até o estranho.

Ao abaixar-se para cobri-lo com um cobertor, Clara notou a fisionomia familiar.

— Bernardo! — gritou Clara, tentando acordá-lo.

"O Bernardo que trabalha comigo na loja de tecidos, noivo de Susana! Meu Deus", pensava Clara, enquanto amparava a cabeça do rapaz.

— Mas o que aconteceu? — ela falou em voz alta, angustiada por ver o amigo sangrando, sem saber o que fazer.

Estendeu as mãos e o levantou com bastante dificuldade. Ao ver o que estava acontecendo, todos correram para ajudar Clara a levantar Bernardo. Vinícius e o senhor Cláudio o carregaram, enquanto Clara dizia, preocupada:

— Cuidado com a cabeça dele. Cuidado...

Bernardo não conseguia falar, sentia mãos tocando nas feridas. Ouviu alguém dizer para que ele tivesse confiança em Deus! Escutou uma voz feminina a dizer o seu nome, era Clara.

Com a vista turva, viu quando dona Diná se aproximou com outras pessoas. Ouviu a voz de Vinícius pela primeira vez. Sentiu quando ele e Cláudio o colocaram numa carroça; escutou alguém dizer,

— Vamos, Barnabé, vamos!

Em prece e em silêncio, voltaram para casa. Enquanto a carroça se movimentava na estradinha de terra que dava até o Morro do Bode, Bernardo reparou em algo que nunca tinha reparado antes. Coisa curiosa! Nunca tinha prestado muito atenção às estrelas antes, que eram um detalhe a mais a embelezar o já tão belo céu. Achou Deus de uma profunda sutileza ao criar um detalhe de tão grande beleza.

12

Novas lições

— *Cuide do bem, e o bem cuidará de você* — disse irmão Teodoro ao discípulo Otávio.

Os dois espíritos, parados em frente à catedral, observavam a movimentação nas escadarias e ruas. O que se via era uma plêiade de espíritos que por ali passavam, uns trazendo luz e paz; já outros, vinham atraídos pela escuridão da mente e pelos soturnos pensamentos de alguns encarnados, pois cada espírito trazia em si sua claridade ou sua sombra, seu paraíso ou seu inferno.

Irmão Otávio viu um senhor já desencarnado, envolvido em um halo de luz, carinhosamente inspirando e fortalecendo alguns pescadores desiludidos com a pesca fraca. Observou ainda um irmão infeliz que caminhava com a cabeça baixa e um ar funesto: era ele todo envolvido por uma entidade infeliz que o enrolava em seus longos braços que mais pareciam tentáculos. O pensamento do taciturno morador de Florianópolis era tão sombrio que o obsessor dele se alimentava com suas energias e, quando viu os dois espíritos a observá-lo, gritou como se fosse uma fera enjaulada, enlouquecida!

— *Vão embora, saiam daqui! Este aqui é meu, só meu! Este aqui é meu!*

Irmão Teodoro leu os pensamentos do jovem discípulo.

— Otávio, você deve estar se perguntando por que não faço alguma coisa. Poderia tentar esclarecer o infeliz, pois é isso que é, um infeliz, mas seria como abanar mosquitos que são atraídos por uma ferida. Enquanto não tratarmos a ferida, os mosquitos continuarão a vir, sempre e sempre. Poderíamos tirar esse obsessor que tortura o nosso irmão, mas amanhã outro virá e depois outro, pois a ferida lá está, atraindo-os ao próprio encarnado. E há outro problema, Otávio, pode parecer impossível que isso seja verdade, mas o nosso irmão infeliz que está sofrendo essa obsessão não quer ser curado, ele acha que não precisa ser curado. Enquanto ele não se conscientizar do que realmente atrai todo esse sofrimento, nada poderemos fazer.

Irmão Teodoro suspirou fundo, pois também lamentava muito ver algo assim, tão comum.

Continuaram a caminhar. Pararam ao cruzar com um senhor e ficaram observando o que ele ia fazer. Gentilmente, deu uma esmola a uma pobre senhora e, para completar a doação, impôs sua mão bendita sobre a cabeça dela derramando jatos de energias benéficas. Viram um outro senhor que, sem nenhuma moeda para dar, deu o que tinha: doou sua atenção à pobre senhora, perguntando-lhe como estava. Em seguida, ouviu seus lamentos e, para alegrá-la, lhe contou umas piadas.

Colocou o chapéu de volta na cabeça, acenou carinhosamente, dizendo:

— Fique com Deus, minha senhora. Fique com Deus.

— *Saiba, meu filho* — disse o benfeitor —, *que cada um dá o que tem. E todos temos algo para doar, pois somos todos ricos de alguma coisa. Alguns têm dinheiro; outros, alegria; muitos possuem tempo e paciência. Todos temos algo para oferecer, seja uma moeda ou um sorriso. Aquele senhor não tinha uma moeda sequer, mas deu aquilo de que era muito rico: alegria, fraternidade! Lembre-se, irmão Otávio, de que sempre temos algo para doar.*

Mais adiante, os dois bons espíritos viram Vinícius na esquina, conversando com Bernardo. Ambos pareciam muito felizes, pois estavam selando naquele exato momento uma sociedade. Seriam sócios num barco de pesca, já que ambos ficaram muito amigos depois que Clara levou Bernardo para morar com os dois no cortiço.

— *Mas que bom! Que coincidência, não?* — falou Otávio.

— *Coincidência?* — retrucou Teodoro, agora num tom formal e categórico. — *Depois de quase cinco anos conosco na colônia, você ainda acredita em coincidência, no acaso? Realmente acredita que Bernardo foi parar, por acaso, no estado que estava na época, bem na rua onde Clara servia a sopa? Seria coincidência o seu irmão Vinícius estar procurando um outro pescador para ser seu sócio? Não, irmão Otávio, não existem coincidências, meu amigo. Tudo segue um plano reencarnatório estabelecido por eles mesmos e pelos seus benfeitores espirituais.*

Após um momento de reflexão, o discípulo perguntou:

— *Benfeitor, por que há tanta dor neste mundo? Punição? Castigo?*

— *Não, irmão Otávio, não pense assim! Deus é puro amor e bondade. Não pense — jamais pense — em punições ou castigos! Para julgar uma coisa, é preciso ver as suas consequências. Veja uma*

chuva forte, por exemplo, ela pode sim destelhar casas e alagar ruas, derrubando árvores, mas quais são as consequências? A chuva limpou a atmosfera de vírus e miasmas insalubres, encheu os reservatórios de água, regou hortas e jardins. Como vê, a tempestade não foi uma coisa ruim, mas boa. No caso da epidemia da gripe espanhola, por exemplo, foi uma dor necessária. Era preciso algo avassalador que fizesse as autoridades e os habitantes acordar: era preciso cuidar do esgoto, da água, da higiene, e do total descaso com a saúde pública em geral. Sabe, amigo, os seres humanos só acordam se alguém os cutucar, como quando sonolentos se recusam a acordar de manhã. Alguém vai lá e cutuca bem forte o fulano e grita: "Acorda! Acorda!". Nem sempre o socorro de cima surge em forma de manjar celeste, pois é preciso que às vezes seja assim, de uma forma quase trágica para obter os resultados desejados. E as consequências foram que as autoridades construíram mais hospitais, houve uma campanha para ensinar noções básicas de higiene e um amplo trabalho com os mais necessitados para que tivessem mais acesso a tratamento médico.

O benfeitor rematou seu pensamento:

— *Não me canso jamais de admirar a suprema inteligência de Deus, que do mal faz sair o bem.*

Ficaram em silêncio por algum tempo a observar aquela multidão de espíritos andando de um lado para outro, cada um com uma tarefa a cumprir, pois havia muito o que fazer.

Irmão Otávio disse ao benfeitor:

— *Sabe, depois dizem quando alguém desencarna: "Ah, agora fulano vai descansar!". Mal sabem eles que os desencarnados trabalham mais do que os vivos!*

— *Nós estamos mais vivos do que nunca!* — disse um sorridente Teodoro, sempre agradecendo a Deus pela beleza que era a vida e pela bênção de fazer parte dela.

13

Pedro

Clara olhou-se no espelho.

O que viu foi uma mulher cansada que precisava urgentemente cortar o cabelo, que, agora mais longo e mal tratado, servia de moldura a um rosto triste.

Diante do espelho, prendeu os cabelos com os grampos que tirou de uma caixa.

Clara travava uma batalha dentro de si, pois havia um lado dela que era um poço de angústia e ressentimento. Ainda amava André, acalentava seus beijos e dele tinha saudades. Por algum tempo, o amor dele lhe fez tão bem! Porém, havia um outro lado do seu ser que precisava perdoar e entender o pai do seu filho, era o seu lado espiritual que lhe dizia para não guardar toda aquela mágoa, tanto ressentimento. No entanto, a indiferença dele para com ela e o próprio filho a amargurava. Eram dois lados opostos a travar uma batalha que deixava Clara sem forças, exausta.

Contudo, naquele dia ela tinha de ser forte, pois não era mais possível adiar, e o seu coração era uma tristeza só.

Seu filho havia nascido e seu nome era Pedro. Saudável e risonho, viera ao mundo havia poucas semanas pelas mãos de dona Diná, que era uma excelente parteira. Foi um parto simples durante a madrugada. Clara havia se mudado para a casa da bondosa amiga logo que esta lhe anunciou que o nascimento do seu filho não tardaria. Numa quarta-feira, logo após o jantar, Clara começou a sentir contrações e dona Diná armou-se de um sorriso, acalmando a amiga:

— Não se preocupe, minha filha. Confie em Deus.

E em Deus ela confiou. O parto correu normalmente, e com indescritível alegria ouviu a amiga dizer:

— É um menino!

Vera e Vinícius aguardavam do lado de fora do quarto. Ao ouvir o choro do bebê, abraçaram-se emocionados, mal contendo as lágrimas. E ouviram dona Diná gritar, toda contente:

— É um menino! É um menino!

Os amigos e o irmão acolheram Clara e Pedro com todo carinho e atenção. Os membros do grupo de estudo e da caravana da sopa vieram parabenizá-la e conhecer o bebê. Um tímido Bernardo veio na manhã seguinte ao nascimento, visivelmente comovido. O nascimento de uma criança era um dos mais belos momentos da vida e verdadeira manifestação do amor de Deus. A vinda de um espírito para iniciar uma nova reencarnação era motivo de emoção e de alegria.

Clara lembrou-se disso quando segurou seu filho pela primeira vez em seus braços, enlaçando-o com ternura. Reparou em cada detalhe do seu rostinho, do seu corpinho. Percebeu que o bebê tinha o nariz do pai, ainda que fosse muito cedo para tal observação.

Indescritível felicidade tomou conta da moça, que desconhecia amor tão profundo como aquele. Não havia passado por sua cabeça que uma pessoa pudesse amar outro ser humano com tamanha intensidade, como uma mãe amava seu filho.

O tempo passou, e, embora tivesse adiado o quanto pôde, Clara não teve alternativa. Segurou Pedro nos braços, olhou fundo nos olhinhos do seu bebê e disse:

— Não posso mais adiar, amorzinho. Preciso registrar você.

Desviou o olhar, como se não quisesse que o filho visse o seu olhar triste. Ele, que não teria o nome do pai nem o seu sobrenome, seria filho de uma mãe solteira, pois assim constaria na sua certidão de nascimento. Na linha onde deveria constar o nome de André, estaria escrito: pai desconhecido.

André era o desconhecido. Não só o amante desconhecido, mas o pai desconhecido também. A ausência do homem que amava cortava-lhe o coração, Clara não podia negar. Não iria mentir para si mesma. Ainda o amava, ainda o desejava. Ademais, doía olhar para seu filho e lhe dizer que ele não tinha um pai. Como seria explicar-lhe quando crescesse que o pai não iria vê-lo nos campeonatos de natação da escola? Como contar-lhe a verdade quando, já crescido, quisesse saber toda a verdade?

Respirou fundo, tomou Pedro nos braços e foi até o cartório, que ficava ali mesmo, na Rua do Rosário, pois não podia mais adiar o registro de nascimento do seu filho.

Assim que entrou no cartório, parecia que os olhares dos funcionários pousaram sobre ela, sobre a figura de uma mãe solteira. Conhecia a fama que tinham as infelizes, pois havia escutado histórias sobre mulheres abandonadas pelos namorados quando engravidaram e que foram expulsas de casa pela própria família, envergonhada perante a sociedade.

O preconceito da época era como se a torturasse. Sentia a acusação silenciosa daqueles funcionários do cartório, assim como de toda a sociedade em geral, pois era como se a chamassem de meretriz, de vadia, por ter engravidado do namorado que a abandonou, não assumindo o filho. Essa era a razão pela qual muitas das mães solteiras não registravam os seus filhos, pois a reação das pessoas perante tal situação de profundo constrangimento e desespero era de uma violência psicológica indescritível. As crianças eram também marginalizadas e ridicularizadas, pois carregariam para toda a vida a certidão onde estaria escrito: pai desconhecido.

"Contudo, preciso me acalmar, preciso elevar o meu pensamento a Deus e encarar a situação. É dolorosa, mas passará", Clara pensou, com os olhos úmidos.

O escrivão que a atendeu aparentava ter os seus quarenta anos e tinha uma pele tão oleosa que seus óculos escorregavam pelo seu nariz. Na mesa, uma certidão em branco, um mata-borrão, tinteiro e uma caneta bico de pena. A mão tremia, talvez por ter exagerado nas xícaras de café, e os seus dedos, sujos de tinta, deixavam marcas na certidão. Como os óculos teimavam em escorregar pela pele oleosa, ele então os ajeitou, sujando o próprio rosto.

Enquanto isso, Clara orava para que aquele tormento passasse rápido. Já não era sofrimento suficiente ter de registrar o filho sem o nome e sobrenome do pai? Não era humilhação suficiente não ter tido dinheiro para registrar o filho? Ela pensou que se não fosse o irmão Vinícius, não teria como pagar a certidão de nascimento de Pedro. Não era dor suficiente? Tormento suficiente?

E o funcionário, ajeitando os óculos que escorregavam pelo nariz oleoso, como se lesse o seu pensamento, quis torturá-la um pouco mais, pois isso lhe dava prazer.

— Nome da criança?

Ela respondeu.

— Data de nascimento?

Ela respondeu.

— Nome da mãe?

Ela respondeu.

— Nome do pai?

Clara calou-se, seus lábios emudeceram. Queria que aquele tormento passasse, acabasse depressa! Queria gritar para aquele homem que o nome do pai da criança era André! André! André!

— Nome do pai? — o escrivão perguntou novamente já incomodado com a demora.

Pedro agitou-se, choramingando. Clara apertou-o contra seu peito, como se o protegesse do funcionário do cartório, sentindo o cheiro bom de talco de bebê! Já o amava tanto, tanto que não se imaginava sem o seu filho.

Pedro começou a chorar, e Clara se perguntou se o estava apertando forte demais contra o peito ou então se estaria com fome. O choro do bebê se expandiu pelo cartório todo, encontrando eco no fundo da sala, o que fez com que os outros funcionários olhassem para ela com ar de reprovação. A sacola que carregava escorregou do seu ombro e caiu no chão.

— Nome do pai, senhorita? — perguntou o escrivão.

Ele parecia se divertir. Que dom tinha para a crueldade! E com que prazer via o desespero de Clara com o bebê no colo, baixando-se para pegar a sacola que havia caído. O prazer que ele experimentava em torturar a moça era de se espantar. Era o espanto ante a crueldade dos desalmados.

Clara limpou na saia as palmas úmidas das mãos. Gotas de suor deslizavam pelo rosto. Tentou acalmar Pedro que chorava.

— Nome do pai? — perguntou uma vez mais, disfarçando um bocejo.

"Como deve sofrer este homem, meu Deus, para ser cruel assim! Como deve ser infeliz!", pensou Clara, tentando acalmar Pedro, que não parava de chorar.

— Senhorita, o nome do pai! — insistiu ele.

Clara pensou em Deus, então. Elevou seu pensamento e pensou que Deus não colocaria um fardo tão pesado em ombros tão frágeis.

"Isso não é nada", pensou ela, "não é nada. Tudo passa, tudo há de passar, e esse tormento passará."

Olhou para o escrivão e pensou:

"Você também passará".

— Nome do pai, senhorita. É surda, também? — perguntou o funcionário.

— Desculpe o atraso, mas acho que cheguei a tempo — disse uma voz masculina, se aproximando de Clara e Pedro.

Clara fechou os olhos, como se agradecesse tamanha bondade de Deus. Imediatamente, Pedro se acalmou e parou de chorar.

Ela reconheceu a voz. Virou-se devagar para vê-lo e pensou:

"Ele veio! Deus, obrigada", pensou a moça, não cabendo em si de tanta felicidade.

O escrivão ajeitou seus óculos. Após limpar as mãos sujas de tinta, interrompeu o que estava fazendo, olhou para o homem de relance e perguntou-lhe bruscamente:

— Nome do pai?

— Bernardo Souza. E eu sou o pai da criança.

Enquanto o escrivão preenchia a certidão de nascimento de Pedro, Bernardo olhou para a jovem e lhe disse:

— Não se preocupe, Clara. Calma, não se desespere, pois estou aqui.

14

Ambiguidade

A mais profunda solidão habitava aquela casa. A mais profunda quietude, o mais profundo silêncio. Naqueles cômodos, salas, corredores e jardins, não se ouvia nenhum som, nem uma voz sequer, um murmúrio, muito menos um gemido de dor. Era inverno, mas mesmo assim, não se ouvia um espirro ou uma tosse, um pio que fosse. Não se ouviam passos. As plantas eram tristes, murchavam e então morriam. Um jardineiro dizia que era porque batia pouco sol, já outro dizia que era porque batia muito sol, mas a verdade é que as plantas morriam era de tristeza mesmo. Era muita tristeza impregnada no ambiente. Tristes, elas iam perdendo o encanto pela vida, viviam desencantadas.

Doía toda aquela solidão, todo aquele silêncio nos cômodos escuros da casa onde janelas e grossas cortinas escondiam a luz que brilhava lá fora. Doía ver não só as plantas murcharem, mas também testemunhar seus habitantes se desprendendo do caule e, um por um, irem tombando no chão frio daqueles quartos sombrios, sem que ninguém pudesse socorrê-los, pois assim era a vontade dos que ali moravam.

E como se respeitasse tal desejo insano, a luz se cansou de tentar invadir sem ser convidada. E como se cumprisse uma ordem irracional, nem os bons amigos espirituais por ali ousavam pisar, já que não podiam ajudar os que não queriam ser ajudados. Como iluminar os que não queriam a luz?

Quantas, quantas tentativas em vão! A luz, que de teimosa, contorcendo-se toda, endireitou-se, depois alargou-se e, por fim, estreitou-se toda a fim de adentrar a sombria fortaleza por um pequeno buraquinho na vidraça. Tanto esforço só para não ser bem-vinda: era uma visita não desejada.

A tristeza se intensificou quando Vera resolveu se mudar dali. Já havia muito tempo não se sentia bem naquela casa, era como uma estranha. Aquelas cortinas sempre fechadas e aquele silêncio enlouquecedor esmagavam a sensível moça de tal modo que se tornou impossível viver ali. E havia André.

"Como podia ele viver", ela pensava, "como podia ele respirar? Como podia acordar de manhã e ir trabalhar? Sorrindo! Como podia ele se olhar no espelho, ele que foi tão indiferente, tão insensível com Clara e com o bebê, seu próprio filho?"

O ser humano sempre foi algo misterioso para Vera. Não conseguia compreender como o irmão pôde agir da forma como agiu com aquela que amava.

"Ele sempre foi assim, e eu é que nunca notei? Ele não era assim e se tornou assim?", pensava ela, atordoada.

O que mais intrigava a moça era que o irmão não era, de jeito algum, uma má pessoa. Foi sempre simpático e atencioso para com todos, fraternal e ciente dos problemas e dificuldades alheias. Vera nunca viu o irmão destratar alguém ou ser ingrato. Como podia ele ser tão gentil e amável com todos e agir daquela forma com Clara? Causava-lhe espanto e indignação a curiosa e ambígua reação que algumas pessoas pareciam causar, pois como podia ser bom com alguns e mau com outros? Vera não conseguia compreender aquela estranha característica do ser humano. Como carregar em si a luz e a sombra ao mesmo tempo?

Lembrou-se como num dia, já nervosa com a situação, comentou com ele sobre a falta de amparo financeiro à Clara e ao bebê. O que ouviu foi a gota d'água para que resolvesse sair daquela casa imediatamente, antes que enlouquecesse.

— Ah, Vera, lá vem você! — disse André. — Que gasto tem uma criança recém-nascida? Quanto custa uma garrafa de leite? E uma chupeta? Por que está me olhando assim, Vera, por quê? Dói muito vê-la me acusando! É muito injusto! Eu não esperava isso de você, juro que não!

E André fez o que os hipócritas sempre fazem: de monstros que são, em vítimas se transformam.

Vera se enojou de toda aquela hipocrisia, de toda aquela sujeira. Olhou para o irmão e, com grande tristeza na voz, perguntou:

— O que aconteceu com você, meu irmão, o que aconteceu? O que aconteceu para que se transformasse nisso que você se tornou? Ou será que sempre foi assim, faltava apenas uma oportunidade para que o seu verdadeiro eu viesse à tona?

Decidida, recolheu algumas roupas e seus livros e saiu, batendo a porta. Doeu ver que ninguém tentou impedi-la.

Desde então, André e seus pais começaram a falar cada vez mais baixinho, até pararem de falar de vez. Andavam devagar pelas salas e corredores da casa, nas pontas dos pés. Fecharam as portas e janelas, fecharam as cortinas.

Quando se deitava, André ainda pensava em Clara, mas em seguida vinha aquela tristeza mortal, aquela vontade de morrer. Ainda amava Clara, mas que amor era esse que abandonava o ser amado no momento mais delicado de sua vida, e por quê?

Estranhos e insondáveis são os laços que unem e desunem os seres humanos. Profundas e misteriosas são as razões pelas quais agimos desta ou de outra maneira. Seria André uma má pessoa? O que seria aquele que agora chorava por Clara? Aquele que nem se lembrou, quanto mais se importou, com o filho cujo nome desconhecia? Pois nem se importou em perguntar à Vera o nome da criança. De onde vinha tão grande descaso?

ꝏ

André tomou Toy, seu cãozinho, nos braços e o beijou carinhosamente.

Foi até a janela e com receio, um pouco com medo, entreabriu a persiana o suficiente para vê-la: a ponte! Lá estava ela, bela! Tão bela que nem os poetas conseguiam descrevê-la.

Na casa, reinava a mais profunda quietude. Não se ouvia um murmúrio, nem um gemido. No quarto, o mais profundo silêncio só era quebrado pelo ronco do cachorrinho que adormecera e pelo choro amargo de André.

15

Rômulo

Rômulo se sentia bem, tão bem como fazia muito tempo não se sentia. E se perguntou o motivo de tamanho bem-estar. Havia se curado recentemente de uma doença terrível, a gripe espanhola. Sua mãe havia desencarnado fazia pouco tempo, e ele mal ganhava para se sustentar, no entanto, se sentia bem.

"Talvez seja por isso mesmo", pensou o moço, "talvez seja a superação e o sucesso dessa superação que me traz tamanho bem-estar."

Rômulo não tinha muito a perder, nem precisava muito de dinheiro. Tinha o suficiente para comer e pagar o aluguel no cortiço. Todavia, a partida da mãe foi muito difícil para ele, pois não entendia nem aceitava a "morte".

"Como separar mãe do filho? Que coisa triste era a morte", pensou ele, "não consigo entender."

Foi durante a doença que conheceu o grupo de Clara, e por ele foi salvo. Tinha certeza disso, absoluta certeza. Todos foram gentis, e Rômulo era muito grato. Quando recebeu o primeiro pagamento da loja de ferragens onde trabalhava, teve vontade de se dar um presente e fazer uma visita à madame Lalá. Contudo, seu coração lhe pedia algo diferente de um simples prazer carnal, e os amigos espirituais aconselhavam-lhe outra coisa. Assim, foi direto para o Morro do Bode e, lá chegando, deu o dinheiro para dona Diná. Era para a sopa.

Depois desse dia, devagarinho, começou a participar das reuniões do Centro Espírita. Com uma paz indescritível no coração, participou das reuniões do Evangelho no Lar[13] acompanhando Clara e Bernardo e, aos poucos, descobriu as obras de Allan Kardec. A compreensão da vida e, principalmente, da imortalidade da alma levaram-no a enxergar a realidade da encarnação e do desencarne com outros olhos. Aqueles conceitos caíam-lhe no coração ferido como bálsamo precioso.

Ainda sentia a mais profunda saudade da mãe; porém, algo nele mudara. Encarou o fato de ela ter desencarnado com uma paz que desconhecia existir em si, pois Rômulo havia entendido que a "morte" não existia. Sua mãe, Odete, havia terminado sua missão nesta encarnação e voltado para a pátria espiritual. Era como se ela tivesse mudado de cidade, voltado para a sua cidade natal. O entendimento da "morte" e, consequentemente, da imortalidade da alma trouxe-lhe paz no

---

13. Nota da editora: O Evangelho no lar tem como objetivo unir as pessoas numa convivência tranquila e consiste na proteção do lar e no auxílio dos mensageiros do bem.

coração e lucidez mental, pois em tudo via a grandeza da presença divina de Deus. O moço até que desconfiou de tamanha paz de espírito, logo ele que tanto duvidou daquela chama interior que muitos chamavam de fé. Contudo, o seu momento de maturação havia chegado. Era hora de evoluir, avançar um degrau em seu progresso espiritual, e Rômulo não desperdiçou a oportunidade, pois era assim que entendia o que estava se passando com ele. Aceitar a realidade tal qual era representava um ato benéfico em sua vida. Além de uma paz nunca antes sentida, havia um sol interior que jazia adormecido em seu ser. Acendeu-se e iluminou o seu caminho, como um relâmpago clareava a noite escura.

Com a compreensão vinda dos estudos e da convivência com o grupo de dona Diná, o prazer de viver se acentuou. As mais pequeninas das criações de Deus ora o acalentavam, ora o fascinavam. Era um arrebatamento, uma surpresa! Como uma pequena criança, começava a descobrir e a explorar as coisas que Deus havia criado.

Após algumas semanas, sem ninguém pedir, começou a participar da caravana por iniciativa própria.

Contente, como devia ser, ele se juntou ao grupo. Com as lamparinas acesas, percorriam todo o trajeto do Morro do Bode até a catedral, de onde já se podiam ver homens, mulheres e até crianças acenando, como amigos acenam uns para os outros quando se veem a distância. As crianças vinham correndo para junto do grupo, unindo-se à caravana do bem, acariciando Barnabé, o jumentinho que puxava a carroça repleta de panelas e mantimentos. Rômulo ficava comovido, sabia que aquela, provavelmente, seria a única refeição daquelas pessoas naquele dia. E era tão pouco o que tinham para servir, tão pouco para tanta gente! E assim como Clara fez um dia, ele se dirigiu até dona Diná e fez a mesma pergunta:

— Dona Diná, meu Deus, tanta gente! E temos tão pouco!

— Confie em Deus, meu filho. Confie em Deus — era o que ela sempre dizia, com aquele sorriso bondoso digno das almas caridosas. Ante tal paz de espírito, Rômulo sentiu-se envolvido na suavidade da Sua presença.

O rapaz percebeu que havia um homem esperando o grupo com uma carroça, bem aos pés da escadaria da catedral.

Ele se dirigiu ao grupo e disse:

— Deus mandou mais comida para os pobres, dona Diná.

Os membros da caravana, maravilhados, abriram as caixas e lá encontraram todo tipo de mantimento: farinha, pães, mandioca, leite, legumes, farinha de milho e algum dinheiro para o que mais o grupo precisasse comprar.

— Obrigado, meu bom Deus, obrigado! — foi o que dona Diná e o grupo puderam dizer.

Clara se aproximou da bondosa senhora e, junto com Bernardo, Vinícius, Vera e Rômulo, fez a mesma pergunta que sempre a intrigou:

— A senhora sabe quem sempre nos ajuda, dona Diná? É tanta generosidade!

— Sim, minha filha, é uma alma bondosa. Uma boa samaritana.

Logo, o trabalho se iniciou. Rômulo ajeitava as panelas e ia enchendo os pratos de sopa que Vera lhe passava. Notou que a amiga estava triste e lhe perguntou:

— Saudade de casa, Vera?

A moça lançou-lhe um olhar triste. Alisou a franja com a mão, tentando sufocar as lágrimas e a dor dentro do peito.

— Sinto saudades dos meus pais e do meu irmão — Vera disse, comovida —, e a saudade dói, sim. Mente quem diz que não. Sinto falta deles, saudades de quando chegava em casa, me atirava nos braços do meu pai, enquanto ouvia minha mãe perguntar sobre o meu dia. Saudades de quando íamos para o sul da ilha visitar os meus avós. Os almoços em família, as brincadeiras com o meu irmão, tios e primos!

Rômulo tocou-lhe de leve no ombro e seus olhos deixavam transparecer uma profunda compreensão do que passava a moça, pois ele assim também sentia. Era uma melancolia, e não tristeza, a recordar dias melhores e cheios de lembranças; da mesa farta, quando todos os familiares pareciam falar ao mesmo tempo e aos berros. Contudo, todos se entendiam e se amavam. O rapaz lembrou-se de sua mãe e pareceu-lhe que anos haviam passado desde que a vira pela última vez. Havia lutado contra a doença e os prognósticos alarmistas e deprimentes, mas não havia muito o que fazer, nem os médicos sabiam mais o que fazer com dona Odete. E, sendo filho único, coube a ele todas as decisões e procedimentos quando ela desencarnou. Por isso, entendia bem o que Vera sentia, pois ele sentia muita falta de sua mãe.

Rômulo umedeceu os lábios com a ponta da língua. Havia no rapaz o desejo de falar mais com a moça e, quando estava para convidá-la para um passeio no final de semana, foi interrompido por Vera, que falou:

— Sabe, Rômulo, estou muito feliz morando com a Clara. E tem o Bernardo e o Vinícius, que são uns amores — e olhou meio tímida, meio sem jeito, para o rapaz —, e você, é claro, e todos do cortiço. Sinto-me bem lá, já me acostumei com a gritaria, a confusão!

E os dois riram, enquanto preparavam mais pratos, que Bernardo vinha buscar para servir.

— Claro — Vera continuou a dizer, limpando as mãos numa toalha — que sinto falta do conforto da minha casa, principalmente do banheiro! — rindo do comentário, cobriu a boca com as mãos, um pouco envergonhada pelo que dissera. E, sorrindo, acrescentou: — Não é fácil esperar na fila do banheiro vinte, trinta minutos para tomar um banho. E não há privacidade, algo que demorei para aceitar. Contudo — disse ela, fitando Rômulo com alegria —, não me arrependo de ter saído de casa.

— Vinícius me contou tudo sobre Clara e André e sei que você é irmã dele. Imagino como deve ser difícil para você — disse Rômulo.

— Eu não entendo, sabe? Ele ama a Clara, sei disso — Vera falou, segura do que estava dizendo —, mas quando meus pais o ameaçaram deixá-lo sem um tostão se ele continuasse com o namoro, ele cedeu. Nunca pensei que André fosse amar mais o dinheiro do que Clara. Jamais!

Vera pediu para que Vinícius e outro rapaz do grupo tomassem o lugar dela e de Rômulo por alguns minutos. Foram até as escadarias da catedral, onde se sentaram. Ela fincou os cotovelos nos joelhos e apoiou o queixo nas mãos, enquanto ele deitou-se nos degraus, cruzando as mãos sob a nuca, fitando o céu estrelado. Foi Rômulo quem quebrou o silêncio, dizendo:

— Bernardo tem razão, Vera, não há nada mais belo do que as estrelas. O que são elas, essas coisinhas brilhantes lá no céu? Por que brilham tanto? — e ambos ficaram a olhar para o alto, pois a noite estava realmente muito bonita. A Lua, majestosa, iluminava a noite escura com sua luz morna.

Soprava um vento bom do mar, que acalentava a todos. De longe, Vera e Rômulo ouviam as risadas das crianças brincando com Barnabé.

Ficaram em silêncio por algum tempo, pois o silêncio também era bom.

Talvez ela quisesse dizer algo mais, mas não disse. Rômulo também quis falar alguma coisa, mas se conteve, porém roçou o seu braço no dela. Ficaram ali, sentados nos degraus da escadaria da catedral de Florianópolis por alguns minutos, pois logo ouviram a voz de Bernardo:

— Vera, Rômulo! Que folga, hein? Olha a fila, olha a fila!

Assim, os dois voltaram correndo para onde o restante do grupo se encontrava, pois de fato a fila só aumentava.

"Quanta gente faminta", pensou Rômulo, juntando-se ao grupo, "que tristeza! Mas Deus não irá desamparar nenhum deles, pois um prato de sopa quentinha vai animar os ânimos de qualquer um! Como um bálsamo que consola."

E ao ver aquela pequena multidão sentada na calçada, tomando um prato de sopa, acrescentou:

— Sim, como um bálsamo que consola. Só irá discordar quem nunca passou fome.

16

Pescaria

Bernardo e Vinícius acordaram cedo. Para não acordar Pedro e Clara, que dormiam no quarto ao lado, andavam nas pontas dos pés. Às vezes, um esbarrava no outro no escuro do quarto e caíam na gargalhada.

— Vai acordar o Pedrinho! Quieto!

— Eu sei, mas *tá* escuro!

— Seu tanso...

Os dois rapazes já eram amigos inseparáveis, daqueles que bastava um olhar para o outro e já caía na gargalhada... piadas internas, cumplicidade.

— Meu chapéu, *cê* viu o meu chapéu?

— O canivete, *cê* viu o meu canivete?

Esbarrando um no outro, deixavam cair as sacolas, rindo um do outro. Os dois amigos saíram para pescar, cedinho que era. Era a hora mais esperada por ambos, a que mais amavam.

Mesmo estando frio, era bom acordar cedo e caminhar até a praia, onde o barco a remo da sociedade de Vinícius e Bernardo se encontrava. Era toda pintada de azul e branco, suas bordas eram vermelhas e carregava no casco o nome de Clara, em uma homenagem que levou a moça às lágrimas.

Eram tão simples, e tão rústicos, como não afundavam aqueles pequenos barcos? Eram canoas entalhadas em um só tronco de garapuvu, técnica que os imigrantes açorianos aprenderam com os índios carijós e que posteriormente a aperfeiçoaram.

E ainda por cima fazia muito frio. Era bom sentir o vento sul escrespar o mar, arriando as velas dos barcos.

Lançaram a canoa ao mar. Logo após algumas remadas, Vinícius parou de remar e ficou em silêncio, enquanto Bernardo fez uma prece para Nossa Senhora a fim de lhes trazer "sorte" na pescaria. Havia uma tradição entre os pescadores de orar a Nossa Senhora, independente da religião que seguiam. O motivo era que a tainha tinha por entre suas escamas o desenho do manto de Nossa Senhora Aparecida. Por essa razão, para os pescadores, a tainha era o peixe mais abençoado do mar.

Para espantar o frio, os dois amigos conversavam.

— Vinícius, sabia que a tainha tem moela? — perguntou Bernardo, sentado na proa do barco.

— Ah, sim, mas não tem estômago nem dentes! — respondeu Vinícius, esticando as pernas ao longo do convés.

— O quê? Não tem dentes, a coitada? Peixe banguela? — perguntou Bernardo.

— Pois é. Sabia que ela pode viver até dez anos?

— Pode até "tentar" viver, mas se aparecer por estas bandas, não vive não, prometo!

Vinícius cravou o olhar em Bernardo e lhe disse em um tom sério, porém cheio de ternura:

— Eu jamais poderei lhe agradecer o suficiente pelo que fez, registrando o Pedrinho.

Bernardo foi pego de surpresa pela repentina mudança de assunto. Isso era típico de Vinícius. Olhou para o sócio e, sorrindo, lhe disse:

— Se você não fosse irmão, teria feito o mesmo...

— Obrigado, amigo, muito obrigado.... — e antes que a conversa ficasse sentimental demais para Bernardo, ele, que evitava tais momentos, foi logo dizendo:

— Ah, mas você não sabe desta: as tainhas não nascem e crescem no mar!

Já sabendo de tudo isso de cor e salteado, fez cara de quem não sabia de nada, como um carinho para aquele que foi tão bom para com a irmã.

— Não, seu tanso, elas nascem e crescem dentro de lagoas e estuários — explicou Bernardo —, aí vão para o mar em cardumes para desovar. E é aí que *nóis pega* elas! Tainha frita é muito bom, né, Vinícius?

— E como! Mas prefiro tainha ensopada — respondeu Vinícius — como a minha mãe costumava fazer. Oh delícia!

— Olha só! — e Bernardo apontou para o céu que já ia mudando de cor, clareando. Ainda havia algumas estrelas, e elas fascinavam Bernardo.

— As estrelas, amigo, o que será que são aquelas coisinhas brilhantes lá no céu, hein?

Vinícius ficou calado, meditando. Recostou a nuca no espaldar da popa da canoa.

As ondas embalavam o barco suavemente, como se embalassem o berço de um bebê. Uma profunda paz tomou conta dos rapazes, que, em silêncio, olhavam para o céu, de onde luzes alaranjadas anunciavam que o dia estava nascendo.

Bernardo tinha os olhos molhados. Uma lágrima ficou presa aos seus cílios, e com o dorso de sua mão a enxugou, olhou para o amigo e lhe perguntou:

— Será que um dia conseguiremos ir até as estrelas?

— Que pensamento! Claro que não! — Vinícius respondeu, deitando-se no convés do barco, com as mãos cruzadas sob a nuca.

— Por que não, pois eu acho que sim! — Bernardo disse indignado.

Ficou imaginando como seria sair da ilha e ir em direção às estrelas, passando por outros planetas, constelações, nebulosas.

— Você ama a Clara? — e mais uma vez Vinícius soube mudar de assunto com maestria.

Os dois olhavam para as últimas estrelas, que, com o amanhecer, já empalideciam. Bernardo até esticou as mãos como se quisesse tocá-las, pois como queria!

E então disse:

— Ah, tem uma coisa que o senhor não sabe nem desconfia sobre as tainhas...

Vinícius entendeu Bernardo, ele não queria falar sobre Clara, e soube respeitar o seu silêncio. Até aquele momento, nenhum deles sabia o que tinha acontecido com o rapaz quando o encontraram caído, sangrando, naquela noite. Ele não disse, e ninguém perguntou. Bernardo parecia resguardar-se das lembranças, com medo de que elas viessem a inquietá-lo, roubando-lhe a paz.

— Ah, essa o sabe-tudo não sabe. Como se descobre se a tainha é macho ou fêmea? — Bernardo perguntou.

Embora estivesse careca de tanto saber, Vinícius se fez de bobo só para agradar ao amigo e ouviu dele a explicação que todo pescador já conhecia.

— Simples, muito simples, meu caro Vinícius, a fêmea é mais barriguda, mais redonda e maior e o macho é mais fino e menor, entendeu, seu tanso?

— Já que o senhor é tão sabidinho, como saber se uma mulher é mulher mesmo ou uma bruxa?

Bernardo achou graça do jeito que Vinícius mudava rapidinho de assunto, e, rindo, respondeu que não sabia, mas ele, como todo ilhéu, sabia a resposta.

— É fácil, olha só, preste atenção — explicou Vinícius —, pergunta para a mulher se ela gosta de alho, se ela falar que não gosta: fuja! Corra! A mulher é uma bruxa! Bruxa odeia alho, sabia?

— Não vou me esquecer — disse Bernardo, sério. — Da próxima vez que eu sair com uma dama, vou perguntar: "Ah, mas que boca linda você tem... por acaso, a senhorita gosta de alho?".

— E se ela disser que odeia alho?

— Saio correndo! É uma bruxa! — Bernardo respondeu, caindo na gargalhada.

Vinícius não queria que aquele momento passasse jamais. Entretanto, como congelar o momento? Como eternizá-lo, para que não acabasse? Tanto Vinícius quanto Bernardo esperavam a hora de lançar a rede ao mar ansiosamente; provavelmente eram os únicos pescadores de Florianópolis que amavam acordar cedo e, embaixo de chuva ou de muito frio, iam trabalhar com tanta alegria que até incomodava os que não entendiam. Pois aquele era o momento dos dois, momento que ambos gostariam que não passasse jamais. Numa canoa a remo, naquele vaivém das ondas batendo contra o casco, no meio do vasto mar ao lado do melhor amigo... Essa era a hora do dia que ambos mais amavam e pela qual ansiosamente esperavam.

Era preciso não perder um segundo sequer daquele bom momento antes que passasse, pois a beleza de um minuto é capaz de povoar de alegria e de luz a existência inteira.

Bernardo e Vinícius conversavam sobre quando eram crianças, mulheres e planos para o futuro. Vinícius falou de sua namorada, Júlia, e contou-lhe intimidades do casal, falou sobre o seu amor pelo sobrinho Pedro e lhe disse que gostaria de conhecer São Paulo.

— Imagina só, Bernardo — disse o irmão de Clara, abrindo os braços como se quisesse mostrar o quão grande era a cidade de São Paulo. — Pense naquele mar de prédios, um mais alto do que o outro, tão alto que de lá do alto dá pra ver tudo bem pequenininho lá em baixo, feito formiguinhas! Eu queria levar a Júlia para conhecer lugares bonitos, comprar um vestido muito bonito *pra* ela, sabe...

— Ela é muito bonita e parece gostar muito de você — Bernardo disse.

— A Clara parece gostar muito de você, também...

Bernardo sorriu, pois já conhecia os truques de Vinícius para fazê-lo falar. Levantou-se e perguntou, como se quisesse mudar de assunto.

— Vinícius, quem é seu ídolo?
— Como assim, um ídolo?
— Uma pessoa que você admira muito, muito mesmo! — explicou Bernardo.

Vinícius não soube responder. Ouviu, então, o amigo lhe dizer quem era o seu ídolo.

— Já ouviu falar em Manoel Joaquim da Silveira Bittencourt? Ah, não? Pois bem, Manoel era sapateiro, acredita? Muito pobre, ele tinha um sonho: ver a escravidão dos negros acabar no Brasil. Doía ver os pobres coitados trabalhando como animais, como eram maltratados, humilhados e covardemente surrados pelos seus donos. Manoel — prosseguiu Bernardo, em sua explicação —, mesmo pobre e um quase joão-ninguém, tornou-se um grande líder abolicionista aqui em Florianópolis e, com o dinheiro que ganhava fazendo sapatos, comprava os escravos só para libertá-los em seguida. Trabalhava meses a fio, comprava um escravo e imediatamente o libertava. Começava a juntar dinheiro mais uma vez, e logo tinha o suficiente para comprar mais um escravo, dando-lhe a liberdade logo em seguida. As pessoas não entendiam — dizia um Bernardo emocionado — como era possível tamanha estupidez? Trabalhar meses a fio, arduamente, para comprar um escravo e libertá-lo em seguida! Conta-se, Vinícius, que Manoel nunca se explicava. Ante a perplexidade dos seus amigos e familiares, apenas sorria e voltava a criar seus sapatos, pois com eles é que conseguiria o dinheiro para libertar mais escravos. Não é maravilhoso?

Vinícius ouvia enternecido.

— E era o Manoel um grande artista, aqui mesmo em Florianópolis — Bernardo disse —, um verdadeiro artista como sapateiro, por isso era conhecido como o Artista Bittencourt. Parece até nome de rua, não é mesmo? Rua Artista Bittencourt!

— Que história bonita, Bernardo! Que alma linda! — disse Vinícius, comovido. — Pense no espírito que animou o corpo desse Manoel. Pense na grandeza desse espírito, pense! Muito bonito mesmo, e faz a gente pensar, não é?

Bernardo se deitou ao lado do amigo no convés da canoa e ouviu Vinícius dizer:

— Que bonito, amigo. Entendo por que ele é seu ídolo; eu não sabia nada desse verdadeiro herói. E pensar que morou aqui mesmo, na nossa cidade, e que provavelmente a maioria dos moradores desconhece a sua história...

Dessa vez foi Bernardo quem mudou repentinamente o tom da conversa, foi ele agora quem ficara sentimental, pois não queria que aquele momento passasse jamais, de tão mágico que estava sendo.

E, para a surpresa de Vinícius, disse:

— Você, me acolhendo na sua casa, como um irmão... para mim, você foi tão maravilhoso quanto o Manoel. De agora em diante, tenho dois ídolos.

E antes que o momento passasse, ambos se acomodaram na beira da canoa e lá ficaram em silêncio, lado a lado, vendo o Sol nascer, encantados.

Mais tarde, voltaram para casa com uma cesta cheia de peixes e felizes da vida. Felizes por nenhum motivo especial, o que era bem melhor.

17
Saudades

O cair da tarde penumbrava o quarto, pois escurecia cedo durante o inverno. Era bom ficar no escuro, apesar de entrar uma luz fraquinha que vinha da rua pelas frestas da janela de madeira. Enquanto Pedro dormia como um anjo, Clara aproveitava para ter uns minutos só para si, naquele início de noite. Vera, com quem ela dividia o quarto, tinha saído com Rômulo e os rapazes. Vinícius e Bernardo, que dividiam o outro quarto, estavam tirando um cochilo.

Clara precisava, como nunca, de uns minutos em silêncio, em paz, porque desde cedo viera-lhe uma saudade que lhe marejavam os olhos, pois naquele dia fazia um ano, um ano....

"Um ano desde que vi André pela última vez", pensou ela, no escuro do quarto, tristonha, "um ano faz que li este bilhete, ainda o tenho nas mãos, guardado como uma lembrança amarga. Penso em rasgá-lo, queimá-lo, pois não seria melhor? Não seria melhor me desfazer da última lembrança que tenho dele? Um ano!", Clara repetia, como se quisesse convencer a si própria da realidade.

Debruçou-se na janela, afastou um mosquito com a mão. A rua estava deserta, escura. Vinha do mar o barulho das ondas quebrando na praia. Um vento bom mas gélido, soprou do mar, ela então ajeitou o xale nos ombros, sentindo um calafrio.

"Um ano...", repetiu ela mentalmente. "Tenho o bilhete nas mãos, ei-lo aqui quase já amarelado. E quantas coisas aconteceram! Ele não sabe de nada. Quem lhe contará que agora tem um filho chamado Pedro e que foi registrado como filho de Bernardo? Quem lhe dará a notícia de que perdi o emprego logo após o nascimento da criança? Quem lhe contará essas coisas, caso quisesses saber?"

Atirou-se de bruços na cama, afundando a cabeça no travesseiro. A cortina tremulava com a brisa que entrava pela janela aberta. Mergulhada em preocupações, ela dizia a si mesma que precisava procurar um emprego.

"Mas quem cuidará do meu bebê? Vera está trabalhando como secretária em um escritório e dona Diná já está tão velhinha, coitada, e ainda por cima ela precisa costurar *pra* fora para se manter, é muito dura a sua vida. Não posso pedir à bondosa senhora para cuidar de Pedro, não é justo, mas, então, o que fazer?"

Sentia-se só, apesar da presença do irmão, do carinho de Bernardo e Vera, e de todo o amor maternal de dona Diná. Era uma solidão que não conseguia controlar, uma saudade que não conseguia preencher, uma fome que não se saciava. Pensou em procurar André, pedir explicações, implorar o seu amor. Sentia-se sensível e vulnerável, encontrava-se à beira do precipício, apoiando-se numa perna só. Um calafrio percorreu-lhe o corpo todo, ao sentir-se zonza, como se fosse tombar. Pareceu-lhe que se abrira repentinamente um buraco no colchão de sua cama e que seu corpo fora tragado abismo abaixo.

Um ano...

Um ano se passou sem notícias, sem uma visita sequer! Um ano fez que André escreveu o bilhete que Clara ainda tinha nas mãos.

No quarto ao lado, Bernardo estava deitado, mas não dormia; ouviu o ronco de Vinícius e pensou como aquela sonequinha antes do jantar era boa.

Para não acordar o amigo, preferiu não acender a lamparina; então acendeu um fósforo para ver as horas, iluminando o pequeno relógio: dezenove horas. Com o palito de fósforo entre os dedos, apagou a chama com um sopro, bocejou e lhe veio a sensação boa de bocejar à vontade, quando não havia ninguém por perto para recriminá-lo. Levantou-se devagarinho, vestiu uma camisa e calçou as meias e, em seguida, ajoelhou para procurar os sapatos que deviam ter rolado para debaixo da cama.

Vinícius mexia-se tanto quando dormia, que seu cobertor e travesseiro tinham ido parar longe. Tateando na penumbra, Bernardo pegou o travesseiro e o corbertor, levantou a cabeça do amigo com cuidado para não acordá-lo, acomodou-a para que ficasse confortável e cobriu-o com o cobertor xadrez todo remendado, velhinho que era. Foi então até o quarto de Clara.

A porta estava entreaberta, e o jovem ouviu Pedro chorar.

— Licença... — falou num tom tão doce que a moça até se acalmou, esquecendo-se de suas dores.

Na penumbra do quarto, Clara pôde reparar nos olhos de Bernardo, que pareciam brilhar no escuro, como duas pequenas candeias.

Sentiu-se envolvida na suavidade de sua presença, em uma paz que tanto precisava. Notou como o rapaz se movia devagar, falava devagar, e gostou da paz que essa calmaria lhe trouxe.

Vinícius dizia que Bernardo era o típico descendente de açorianos: calmo, voz baixa, troncudo e de pernas curtas! E devagar, devagar...

"Tão diferente do André!", pensou Clara, "o pai do seu filho era o centro das atenções, gostava de falar alto, como se estivesse discursando perante uma plateia atenta, ao passo que Bernardo era quieto, reservado, costumava falar tão baixo que às vezes mal se conseguia entender o que dizia. André era o típico descendente dos imigrantes alemães: dinâmico, empreendedor, ambicioso e loiro, enquanto Bernardo era o típico descendente dos imigrantes açorianos: gentil, romântico, com o falar e o andar vagarosos, ar contemplativo e de pele morena."

Por uma réstia de luz que entrava por uma fresta da janela, viu o seu jeito calmo de se aproximar do berço, com o olhar mais doce que ela jamais viu em toda sua vida. Viu aquele homem tão gentil pegar Pedro nos braços e embalá-lo; percebeu com que doçura ele aconchegou a criança ao seu peito, cantando uma canção de ninar.

Escutou o rumor de passos no corredor, uma porta que se bateu com o vento. Apertou o bilhete de André que ainda tinha nas mãos e o coração bateu mais forte. Na penumbra, deu uns passos à frente e tocou-lhe de leve no braço.

Clara aproximou-se de Bernardo e o beijou.

O bilhete escapou-lhe das mãos e caiu, folha seca que era.

18

Um dia na praia

Os anos 1920 estavam chegando ao fim, e, em poucos lugares do país, a mudança tinha sido tão acentuada como em Florianópolis.

Desde o tempo de Hercílio Luz, a palavra-chave era "moderno". Era preciso modernizar, atualizar-se. A construção da ponte foi o símbolo dessa modernização, visto que a ilha estava ligada ao continente e, consequentemente, ao restante do país. Dizem os historiadores que a palavra "moderno" virou uma quase obsessão entre os florianopolitanos. Tudo tinha de ser moderno, desde as grandes avenidas substituindo os cortiços e as humildes casas até o conceito "moderno" de banho de mar.

A cidade tinha a bênção de ter lindas praias; contudo, mar era para pescar! Um fato curioso é que as casas eram construídas de costas para o mar. Estranho são os conceitos e hábitos de uma época, mas até o final dos anos 1920 em Florianópolis as pessoas não tinham o hábito de tomar banho de mar. Havia algumas pessoas, e de origem humilde, que literalmente se banhavam no mar, pois não tinham em casa um banheiro para se lavar e não era raro olhares de moradores irritados e inconformados com alguns "modernos" que ousavam tomar banho de mar. Certa vez, a polícia foi chamada até a Praia de Fora, pois um rapaz que alegou estar sentindo muito calor fora visto entrando no mar!

O processo de modernização que a cidade sofria trouxe hábitos de outras capitais, como do Rio de Janeiro, que a pequena Florianópolis ainda não estava acostumada: o culto ao corpo.

Homens e mulheres passaram a valorizar o físico, pois ele ficava mais exposto nos banhos de mar. Vaidosos, passaram a cuidar de algo que nem sequer pensavam. Os homens, que antes se preocupavam apenas com o corte de cabelo, a barba e o bigode benfeitos, agora se preocupavam em ter um corpo de esportista, agradando, assim, as moças, que começaram a gostar. Era comum entre elas conversas sobre o corpo dos rapazes; era como se tivessem acabado de descobrir que os homens tinham pernas, peito e braços!

O corpo antes era algo que simplesmente não se notava, apenas um suporte para as roupas, que eram o objeto de atenção. Com o banho do mar, o corpo ficou tão exposto para os padrões da época, que foi como uma revolução! Jornais davam notícias das cenas, "quase de nudez", nas praias catarinenses. Outros noticiavam que um rapaz fora visto entrando no mar na Praia do Muller sem camisa!

"Onde já se viu, sem camisa!" — escreveu o jornalista.

Mas o futuro já tinha chegado, e os jovens florianopolitanos queriam mostrar o corpo e se divertir. Aos poucos, timidamente, eles venceram o preconceito. O moderno era frequentar as praias e entrar no mar, deixando algumas partes do corpo à mostra. Os homens, por exemplo, mostravam as pernas, mas ainda era indecoroso demais mostrar o peito nu.

Os pobres ficavam na malcheirosa Praia do Vem Quem Quer, no Cais Liberdade. Os ricos iam para a Praia do Muller ou aos novos e requintados balneários recém-inaugurados.

Ser moderno era pular as ondas do mar e se divertir!

Era um domingo ensolarado e todos foram para a Praia da Saudade. Foi a primeira vez que Clara e Bernardo ficaram juntos na frente de todos. Bernardo tinha contado para Vinícius, mas para os outros foi uma surpresa muito agradável. Vinícius não cabia em si de tanta felicidade, pois sabia o quanto a irmã havia sofrido, e não havia homem melhor do que Bernardo para ela.

Vera abraçou a amiga, comovida.

— Me conte tudo! — ela disse, animada.

— Estamos nos conhecendo melhor, por enquanto, é tudo... — disse Clara, sorrindo.

Era a mais pura verdade. Tanto ela quanto Bernardo estavam se conhecendo melhor, como quem tateasse no escuro; era preciso se acostumar um com o outro, pois ambos já conheciam a paixão, mas sabiam eles algo sobre o amor?

Clara afastou os cabelos que lhe caíam nos olhos. Quando ficou sozinha por uns instantes, observou Bernardo com Pedro no colo, na beira do mar, onde as ondas se quebravam aos seus pés.

Não houve fogos de artifício nem se ouviram violinos; não houve o fogo da paixão, cega e arrebatadora.

"Não, não houve", pensou ela.

O que houve, e Clara agora teve certeza disso ao olhar aquele homem com o seu filho à beira-mar, foi um sentimento de cumplicidade, quase de companherismo. Pensamentos lhe vieram à mente, enquanto enfiava seus pés na areia quente:

"Isso era amor? Não seria só amizade? Não seria apenas carência? Será que não beijei Bernardo naquela noite apenas porque estava triste e carente demais?", pensava enquanto observava o namorado, com os gestos que fazia, ensinando o menino que aquela vastidão de água se chamava mar.

Clara contou à Vera que com Bernardo havia uma total e indescritível sensação de paz; enquanto com André foi uma avassaladora paixão que a tirava do chão. Com o novo namorado, não foi tão arrebatador, foi como se ambos deixassem fluir, viam-se quando podiam se ver e gostavam da presença um do outro, mas não havia aquela necessidade insana de se verem todo o tempo, como tinha por André.

Estava sendo bom, e ela estava feliz.

Vergou a cabeça para trás numa gargalhada, quando viu que Bernardo havia sentado na areia, deixando que a água molhasse os pés de Pedro, que, ao contato com a água fria do mar, soltou um grito. A água devia estar gelada e, pela primeira vez na vida, o garoto sentiu o frio da água do mar a lhe tocar os pés.

Clara amava o mar e não se cansava de observá-lo, como se ele ainda tivesse um segredo a revelar. A moça fincou os cotovelos nos joelhos, apoiou o queixo nas mãos e ficou ali olhando para as coisas que lhe tocavam o coração: seu filho nos braços do homem que estava lhe fazendo muito bem, os amigos queridos que pareciam estar contentes como crianças, o vasto, vastíssimo mar com suas ondas quebrando nas pedras, e a espuma salgada surgindo, como por encanto.

Encantada, viu quando Vinícius aproximou-se de Bernardo e pegou o sobrinho no colo e, Júlia, sua namorada, veio por detrás e o enlaçou, fazendo caretas para Pedro rir; Bernardo aproveitou para se espreguiçar e bocejar. Vera abraçou Rômulo, e Clara percebeu como ele acariciou seu rosto com o dorso da mão.

Era tão bom ser feliz! Parecia, naquele momento, que a felicidade era tão simples; passava como despercebida às vezes por ser tão simples. Era um estado de espírito e começava dentro do ser, para então se expandir para fora; por essa razão, uma outra pessoa poderia não sentir o mesmo grau de felicidade que ela sentia naquele dia na praia, poderia alegar que a água estava gelada e que soprava um vento forte que incomodava.

Sua felicidade vinha do interior do ser, da pequena, mas alta chama que ardia dentro de cada um, a paz do coração que, para muitos, era o maior grau possível de felicidade. Como explicar que duas pessoas teriam opiniões tão diferentes de uma mesma experiência, como passar um dia na praia com os amigos, por exemplo? Clara soube que vinha de dentro dela aquela luz que agora a iluminava por inteiro, a refletir no passeio com os amigos, fazendo com que ela se sentisse bem, contente e percebesse como era bom estar entre amigos, num domingo à toa, numa praia em Florianópolis.

"Como não tinham feito isso antes?", pensou ela, enquanto via Bernardo andando em sua direção. Teve um pouco de vergonha, ela admitiu, pois reparou quão bonito Bernardo era. Envergonhada, desviou o olhar para o chão.

Quando ele se sentou ao seu lado e a abraçou, roubou-lhe um beijo; Clara sentiu-se feliz e gostou de suas carícias, e sentiu um arrepio quando o joelho dele roçou no dela, de leve.

Quando Vinícius e Júlia voltaram da praia, sentaram-se todos na areia, e Vera trouxe Pedrinho no colo, junto com Rômulo.

"É isso a felicidade, Deus?", pensava Clara. "É isso que muitos descrevem como felicidade suprema? Estar bem, rodeado de amigos, com um homem bom e cheiroso ao seu lado, tendo o filho lindo a sentir a água fria do mar pela primeira vez, é isto a felicidade?"

Clara parecia flutuar, de tão leve que se sentia. E como se tivesse fome, queria saborear cada pedacinho daquele momento de indescritível felicidade.

"Mas não dizem que felicidade é como se a terra tremesse e lhe tirasse o chão? Não dizem que felicidade é gargalhar sem parar, e com muito dinheiro no bolso? Pois disso nada existe aqui; estamos todos em silêncio, ouvindo o barulho bom que vem do mar, enquanto Pedro adormece nos braços do homem que me faz tão bem, será isso o que chamam de felicidade?"

Fixou os seus belos olhos em Bernardo e, tímida, desviou o olhar quando percebeu que o rapaz também olhava para ela. Ele sorriu e, estendendo uma das mãos, acariciou-lhe o queixo.

"Não era paixão", pensou Clara, fechando os olhos ao contato dos dedos dele, "era amor."

Conseguiu imaginar-se casada com Bernardo, envelhecendo com ele, conseguiu vê-lo ensinando Pedro a andar de bicicleta, a nadar, imaginou quando ele levaria o filho para pescar, só os dois.

Mais tarde, quando voltaram para o cortiço e todos já tinham ido dormir, Clara e Bernardo ficaram acordados mais um pouco, conversando debruçados no peitoril da janela, de onde se podia ver um pedacinho do mar.

"Tivemos um dia maravilhoso", ambos pensaram, "sabendo usufruir das pequenas alegrias."

Riram os dois ao lembrar do grito de Pedro ao sentir a água fria do mar em seus pés pela primeira vez na vida e do tombo que Vinícius levou, que lhe rendeu um belo galo na cabeça! Gostaram do novo corte de cabelo de Vera, embora Bernardo tivesse achado um pouco moderninho demais.

— Ah — disse ele — os tempos modernos! O futuro já chegou, olha só! 1930!

Sob a tênue luz de uma lamparina, conversavam deitados na cama. Ele gostava de passar seus dedos pelos cabelos dela, enquanto ela beijava de leve o ombro dele.

O silêncio era bom e tornava audíveis os sons noturnos. Ouviram um grilo, então uma cigarra e o velho cortiço emitiu pequenos estalidos. Vinha do corredor um ruído arrastado de passos e, então, uma porta bateu com estrondo.

Bernardo afastou o cabelo que caía sobre os olhos de Clara e tocou-lhe carinhosamente nos lábios, encostando os seus nos dela.

O vento sul soprava, tremulando a cortina, que parecia flutuar, e um relâmpago clareou o quarto, iluminando a cama desfeita, os dois se beijando.

Clara virou-se de bruços e apoiou a cabeça no peito de Bernardo, escutou-o falar com sua voz mansa, tão baixinho que às vezes nem conseguia ouvi-lo direito.

— Sabe, Clara, é evidente que eu gostaria que descobrissem novos medicamentos e curas para as doenças, mas o que eu realmente gostaria é que descobrissem um jeito de visitar as estrelas, outros planetas!

Clara sorriu e escutou o que ele estava falando.

— Já imaginou ver a Terra lá de cima? De que cor você acha que é o nosso planeta? Branco ou vermelho? Azul? De que cor, meu anjo?

Ela estava com o pensamento longe, precisava trabalhar! Arrumar um emprego! Estava ficando preocupada com a questão do dinheiro, pois não era justo que o irmão a sustentasse.

"E o pobre do Bernardo", pensou ela, "que dava quase tudo o que ganhava no barco para comprar roupas e remédios para o Pedro. Um verdadeiro pai, será que era assim que ele se sentia? Como o verdadeiro pai do Pedro?"

Enquanto Bernardo falava do que gostaria de testemunhar na nova década que estava para começar, ela continuava a ouvir as batidas do coração dele. Então, ela se lembrou que ouviu o coração de André a bater, num hotel no centro da cidade; lembrou-se de um dia ter feito isso, mas não sentiu saudade. Estranho, pois pensou que sentiria saudades de André ao se lembrar dele. Foi com uma grata surpresa e profundo bem-estar que Clara não se entristeceu ao lembrar do pai do seu filho, pois estava contente com Bernardo, que a fazia tremendamente feliz. Era dele o coração que ela escutava a bater, a voz que ouvia a falar de viagens a outros planetas; era dele, de Bernardo. Era a voz baixa, calma, quase um sussurro a lhe falar dessas coisas.

Clara esticou o braço para fechar a janela, pois começara a chover. Como sempre, em Florianópolis, a noite trazia um ar frio, que as mães chamavam de sereno. Bernardo puxou o lençol e cobriu Clara, delicadamente.

Enquanto a chuva caía fraquinha, quase uma garoa, na verdade, ele falava sobre os planos de comprar um barco novo, pois as vendas estavam indo muito bem. Porém, ela com o pensamento longe nada disso ouviu.

Lembrou-se de como, certo dia, ouviu Bernardo chamar Pedro de "meu filho".

Ele havia acabado de voltar do Mercado Público, onde fora comprar novas redes de pesca, e, quando viu o garoto no colo de Vera abriu seus braços em uma profunda alegria, dizendo:

— Vem com o papai, vem! Coisa mais linda do papai!

Clara, debruçada no peitoril da janela do seu quarto, assistiu à cena, comovida, e então emocionou-se quando ele encheu o bebê de beijos.

— Meu filho! — Bernardo dizia, apertando Pedro num abraço carinhoso.

"Um verdadeiro pai, será que era assim que ele se sentia? Como o verdadeiro pai do Pedro?", pensou Clara, mais uma vez.

Bernardo havia adormecido e ela ficou a olhar para aquele homem que roncava baixinho.

Em seguida, esticou o braço e apagou a lamparina.

19

Maria da Ilha

— *O homem não possui de seu senão o que pode levar desta vida* — disse irmão Teodoro, que andava pela cidade acompanhado do irmão Paulo. Caminhavam pelo Largo do Fagundes, reparando no vaivém das pessoas naquela segunda-feira. — *Pois o que pode o homem levar desta vida? O que pode o homem levar senão o seu conhecimento, suas experiências? O que pode levar senão o seu aprendizado?* — perguntou o benfeitor.

Em seguida, acrescentou em um tom otimista:
— *Que beleza, olhe! Cada um cumprindo com os seus deveres, com as suas responsabilidades. Você sabe, para que servem as nossas virtudes, se é que as temos, senão para o uso em prol do próximo? Para que serve ser bom se não for para ajudar um irmão? Para que serve ser paciente se não for para tolerar, ou para*

que serve tanto conhecimento se não for para ensinar, passar ao próximo o que se sabe, passar adiante? É o oposto do egoísmo.

De repente, uma moça que passava chamou-lhes a atenção. Ela vinha meio com pressa, com livros na mão.

— *Que beleza de criatura!* — exclamou o velhinho.

— *Quem é, irmão Teodoro? Quem é aquela mulher?* — perguntou irmão Paulo.

O bom velhinho sabia muito bem quem era aquela mulher, pois era Antonieta de Barros. A professora, sempre com os seus livros e seus afilhados, como ela chamava carinhosamente os seus alunos.

"*Ela deve estar com quantos anos agora?*", Teodoro pensava consigo, "*Já deve estar com os seus 29 anos mais ou menos, pois nasceu em 12 de julho de 1901. Foi nessa data que nascia em Florianópolis uma das suas mais sublimes moradoras.*"

Olhou para o jovem aprendiz e falou:

— *Para entender o contexto no qual Antonieta nasceu e que teve de superar, é preciso que você, irmão Paulo, saiba de uma coisa. Saiba como foi, e ainda é, a vida do negro. Pois, sim, Antonieta de Barros é negra e cresceu em uma época em que negros não eram aceitos em clubes e escolas particulares, e só havia um futuro certo para eles: os homens seriam pescadores ou fariam biscate, enquanto as mulheres seriam lavadeiras ou coisa pior, você sabe.*

O benfeitor notou como a mulher que passava por eles, com os livros e pastas, lhe pareceu digna. Simples no modo de vestir, íntegra no modo de viver.

— *Saiba você, Paulo, que Antonieta nunca soube se contentar com a realidade imposta pela sociedade da época e rompeu com inú-*

meros estereótipos. Ela tinha Cruz e Souza[14] *como ídolo e mentor, outro espírito de escol que a cidade teve a bênção de acolher, o amado poeta Cruz e Souza. Ambos negros, sofreram horrores e humilhações. Cruz e Souza foi alfabetizado pela sua madrinha, enquanto Antonieta foi alfabetizada pela própria mãe, dona Catarina, uma humilde lavadeira. Foram ambos alfabetizados com os mais rústicos recursos, muitas vezes sem um livro sequer, e, no entanto, Cruz e Souza escreveu os poemas que escreveu, e Antonieta não só também escreveu profundos ensaios, mas ensinou. Ela acreditava piamente no poder da educação para não só dar conhecimento a uma pessoa, mas para tirá-la da pobreza, da humilhação que grande parte da população de Florianópolis passava.*

Após uma breve pausa, o bom velhinho prosseguiu, dizendo:

— *O índice de analfabetos na ilha era enorme, o que era inadmissível, principalmente entre os afro-catarinenses. Um dia, contudo, uma mulher negra, pobre, sem recursos ou qualquer tipo de favoritismo, conseguiu se formar em Magistério, numa época em que até para os brancos e ricos era raro o diploma universitário.*

Observaram a professora, que cumprimentava algumas pessoas na praça, com o sorriso que a todos contagiava. Era também conhecida como Maria da Ilha, nome pelo qual assinava seus textos.

Seus olhos grandes e expressivos transmitiam alegria. Nunca se ouviu de Antonieta um lamento sequer quanto ao fato de sofrer preconceito racial. Na Florianópolis dos anos 1920, os

---

14. Nota do autor: Poeta negro nascido em Nossa Senhora do Desterro em 1861, considerado o inaugurador e principal expoente da poesia simbolista no Brasil. Desencarnou em 1898.

resquícios de um passado escravocrata ainda criava todo tipo de humilhação, ainda que velado.

Negros como o poeta Cruz e Souza, Antonieta de Barros e Pedro Antônio Cândido, que se tornou o primeiro professor negro do estado de Santa Catarina em 1913, tiveram de lidar com o preconceito em situações inimagináveis. Havia clubes da cidade que não aceitavam a entrada de negros, assim como empresas que apenas contratavam negros para serviços de limpeza, mesmo sendo eles formados em Contabilidade ou até mesmo em Direito.

— *Você sabia, irmão Paulo* — disse irmão Teodoro —, *que na segunda metade do século dezenove, a Praça XV era cercada por uma grade de ferro, onde não era permitida a entrada de negros? O horror do preconceito racial era tanto na época, que muitos nem chegavam perto dos negros, como se a sua raça fosse uma doença contagiosa! Imagine a coragem dessa professora negra* — e irmão Teodoro apontou para Antonieta —, *ao entrar pela porta da sala de aula, encarando os alunos que cochichavam entre si: "Mas é uma negra! O que uma negra pode nos ensinar?". O que essa mulher negra pôde ensinar* — falou o benfeitor — *foi como não se curvar às pressões, às humilhações ou normas; dar exemplo de como ser uma pessoa íntegra e bela; ensinou, com o seu próprio exemplo, a responder a um insulto com a gentileza. Era como se dissesse que as humilhações a que os negros eram submetidos eram de fato lamentáveis; todavia, eram lamentáveis para quem as cometia e não para quem as recebia.*

Irmão Teodoro estava comovido ante a profunda verdade daquela frase. Tinha pela professora uma grande admiração.

Antonieta tinha a consciência do seu dever e do papel da instrução, pois um dia escreveu:

"Educar é ensinar os outros a viver; é iluminar caminhos alheios; é amparar debilitados, transformando-os em fortes; é mostrar as veredas, apontar as escaladas, possibilitando avançar, sem muletas e sem tropeços; é transportar às almas as pessoas que o Senhor nos confia, a força insuperável da fé!".

Irmão Teodoro se afastou, comovido.

E antes de se juntar ao benfeitor, que caminhava mais à frente, irmão Paulo deu uma última olhada naquela belíssima mulher com os livros embaixo do braço e disse comovido, desejando que ela ouvisse:

— *Muito bem, Antonieta, muito bem! Que Deus a abençoe, professora!*

E, ao se aproximar do benfeitor, ouviu-o falando baixinho, à meia-voz, como se pensasse em voz alta, um texto de Antonieta de Barros, a Maria da Ilha.[15]

— *A parte divina que cada um de nós possui, como que amedrontada, refugia-se nos cantos mais secretos da alma e lá se deixa ficar adormecida. Só o silêncio, o mágico por excelência, tem o poder de despertar para a alma, os grandes planos, as sementes das soberbas realizações.*

---

15. Nota do autor: Em 1934, Antonieta foi eleita a primeira deputada negra na Assembleia Legislativa do Estado de Santa Catarina. Desencarnou em Florianópolis em 28 de Março de 1952.

20

Partindo

    Dona Diná acordou bem naquele dia. Após o café da manhã, lavou roupa no tanque e as pendurou no varal. Voltou à maquina de costura, pois estava terminando um vestido para uma freguesa.

    — Pronto! Ficou uma beleza! — disse ela admirando sua obra.

    O prazer de concluir aquele trabalho lhe deu uma grande satisfação. Deu comida para o Chico, seu gato, em seguida foi passar umas roupas e depois as dobrou, uma por uma com muito zelo, guardando na gaveta onde mantinha uns pedacinhos de sabonete para deixar um cheirinho bom.

    Em seguida, tirou pó da casa, ajeitou uns livros na prateleira e foi ao quintal recolher as roupas no varal.

Quando viu que tinha deixado tudo em ordem, deitou-se na cama, leu um trecho do livro *O Evangelho Segundo o Espiritismo* e desencarnou.

Foi como se pegasse no sono. Uma sonolência calma, tranquila. Restava apenas desvencilhar-se do corpo físico, no que dona Diná foi ajudada por experimentados amigos e benfeitores espirituais. O desprendimento[16] foi rápido e sem perturbações. A causa de ter um desprendimento fácil sem ser doloroso dependia do estado moral da alma, do grau de apego do indivíduo à matéria e aos gozos terrenos. Nas almas boas, caridosas, o desprendimento na verdade se inicia antes do desencarne, pois o desapego torna os liames entre o corpo e o espírito muito tênues, fazendo com que os laços se desatem com tanta facilidade que, na maioria das vezes, eles nem sentem a transição.

Dona Diná se preparou para o desencarne, assim como se preparou para a velhice. Pessoas como a bondosa senhora se conscientizam da finitude do corpo físico e da infinitude do corpo espiritual. Começam desde cedo a se desapegar, pois sabem o quanto isso as prenderá à matéria e dificultará o momento da partida. O rápido e tranquilo desprendimento do perispírito[17] está relacionado com o adiantamento moral do espírito.

A perturbação momentânea, muito comum entre os que acabam de desencarnar, pode ser minimizada com o desapego e com a preparação para o outro lado da vida, como

---

16. Nota do autor: As informações sobre o desencarne aqui descritas tem como fonte o livro *O Céu e o Inferno*, de Allan Kardec, capítulo 1 da Segunda Parte, "O passamento". Edição FEB.

17. Nota do autor: Perispírito é um envoltório semimaterial que une o corpo e o espírito.

pagar dívidas pendentes e deixar a casa em ordem para se despedir; deve-se proceder como alguém que vai viajar e se preocupa em deixar tudo em ordem antes da partida. O espírito vai tranquilo, depois do dever cumprido.

No caso de dona Diná, ela terminou o vestido, tirou o pó dos móveis, alimentou o animalzinho de estimação e deixou tudo em ordem.

Ao acordar do outro lado da vida, a primeira pessoa que ela viu foi sua doce mãe, dona Angelina, que a abraçou afetuosamente.

Dona Diná viu tantos amigos queridos que a todos queria abraçar.

— *João Alberto, meu amigo! Cecília, Horácio, Marcos!*

Dona Diná os recebeu em sua casa como quem fosse preparar um cafezinho para os convidados, com direito a bolo. O seu corpo físico jazia prostrado no leito, e o espírito luminoso da boa velhinha não se importou em vê-lo. Pensou no quanto ele a ajudou, em quanto peso ele suportou naqueles ombros! Percebeu os cabelos brancos, a pele enrugada.

Mas coisa curiosa: havia uma paz tão grande no semblante do rosto material de dona Diná que qualquer um juraria que ela estava prestes a rir, como se fosse dar uma gargalhada de felicidade. Era apenas o reflexo do estado em que se encontrava a alma na hora do desencarne, feliz!

Leve como uma pluma, caminhou com os amigos até a porta da casa, onde Jesus ainda reservava uma surpresa para a boa senhora.

Uma pequena multidão ali a esperava, acenando calorosamente, inclusive irmão Teodoro e Petrônio, que fizeram questão de vir à pequena homenagem. Havia ali tantos que ela reconhecia, tantos de quem ela se lembrava, mas, alguns, de onde? De onde os conhecia?

Um senhor, muito velhinho, fez um pequeno discurso ali mesmo, na entrada da casa de dona Diná, do alto do Morro do Bode.

— *Bondosa amiga, por dias, meses e até por anos a bondosa amiga alimentou alguns de nós com a sua sopa quentinha naquelas noites frias. Alimentou-nos com o pão material e com o pão espiritual. Nós somos alguns dos milhares que a senhora alimentou com um prato de sopa.*

Centenas de entidades espirituais acenaram para a senhora, que, emocionadíssima, mal conseguia falar. Vinha um canto sublime no ar, como que trazido pelo vento. De onde vinha?

Ela queria abraçar um por um, beijar um por um! Queria alimentá-los! Mas haveria tempo, mais tarde, pois ela tinha a eternidade à sua frente.

Mas, por enquanto, ela precisava se recompor e, como se ouvisse o seu pensamento, o bondoso benfeitor aproximou-se da senhora e perguntou:

— *Vamos?* — perguntou irmão Teodoro, segurando as mãos de dona Diná.

Ela respondeu, sem olhar para trás:

— *Vamos!*

21

A caravana continua

Alguns dias depois, numa quinta-feira à noite, enquanto a caravana se deslocava do Morro do Bode até as escadarias da Igreja do Rosário, Bernardo, de mãos dadas com Clara, disse ao grupo:

— É natural sentir uma pequena tristeza. É normal. Seria anormal se não sentíssimos nada, nem saudade. Portanto, é absolutamente normal a nossa tristeza e um certo desalento para prosseguir com o programa da sopa. A caravana tem que continuar, gente! Podemos sentir uma tristeza sim, mas tristeza de saudade! Mas de jeito nenhum podemos deixar essa tristeza amputar os novos movimentos. Estamos tristes e um pouco perdidos, mas dona Diná quer que continuemos com este trabalho, e prosseguir com esta obra será mais uma forma de homenagem, além do trabalho caridoso.

Vera cravou no moço um olhar aflito. Dona Diná era a alma da caravana. Conseguiriam levar adiante a sua grande missão agora que ela havia desencarnado?

Bernardo, embora confiante de que os amigos espirituais continuariam a abençoar o grupo, preocupava-se com a questão financeira, pois ninguém sabia quem financiava a caravana, exceto a própria dona Diná.

Vera sufocou as lágrimas dentro do peito e falou ao grupo:

— Vamos, amigos, enquanto a gente chora e discute aqui, nossos irmãos lá na cidade passam fome.

E com as candeias acesas, a pequena caravana se deslocou na escuridão. Do alto, eram como pirilampos fraternos que se moviam no escuro da noite.

Clara também enxugou uma lágrima, mesmo morrendo de saudades de dona Diná, e com dor no coração. Também se preocupava com o futuro da caravana da sopa, pois ninguém sabia quem a mantinha. E se, por acaso, essa pessoa parasse de ajudá-los?

Segurou firme a mão de Bernardo e, juntos, como um pequeno exército do bem, foram alimentar os que tinham fome.

Quando chegaram à escadaria da catedral, uma pessoa os aguardava junto a uma carrocinha com mantimentos. O senhor havia organizado as filas e feito uma triagem para os que necessitavam de remédios e curativos.

Senhor Cláudio, agora o líder da caravana, o cumprimentou, tirando o chapéu. Bernardo e Vinícius fizeram um aceno com a cabeça. Vera e Rômulo deram boa noite e Clara se aproximou do senhor, que se apresentou como Lúcio.

— Senhor Lúcio, muito obrigada! Mande lembranças e toda a nossa gratidão a essa bondosa pessoa que tanto nos tem ajudado nestes anos todos.

— Sim, senhora. E boa noite — respondeu o senhor, acenando com o chapéu.

Assim que virou a esquina, Lúcio aproximou-se de uma mulher que o aguardava, ansiosa.

— Está tudo bem, Lúcio? Eles precisam de algo? — ela perguntou.

— Está tudo bem, madame Lalá. Mandaram agradecer pela ajuda.

Ela nada disse, embora seu rosto transparecesse uma profunda alegria.

A carroça de mantimentos tinha tudo de que precisavam: comida, cobertores, remédios e um envelope com algum dinheiro.

Todos olhavam, maravilhados, pois tinham condições de prosseguir com a caravana por vários dias. Clara fez uma prece em agradecimento à pessoa que secretamente os ajudava. E, então, ouviu Vera chamar o grupo para o início dos trabalhos.

— Vamos, meus amigos. A fome tem pressa.

22

Traída pela memória

Bernardo vestiu uma camisa e calçou os sapatos. Ao chegar à porta do quarto de Clara, permaneceu imóvel, calado, na penumbra do corredor, e escutou a voz da amada a conversar com o pequeno Pedro.

— O nome do seu papai é André! Você está ficando cada dia mais parecido com o seu pai, meu anjo!

Bernardo sentiu-se desfalecer. Apertou os olhos cheio de lágrimas e encostou na parede para não cair, pois fora pego de surpresa. Ouviu um rumor de passos e os degraus da escada rangeram.

Não bastou tapar os ouvidos, a voz de Clara chegava até ele relembrando-lhe que André era o pai de Pedro.

Envolvido em um halo de tristeza, fechou os olhos. No silêncio da noite, o velho cortiço emitia estalidos por toda a parte. Pareceu ao moço que a casa toda gemia de dor.

"Eu sou o pai de Pedro, eu!", ele pensou, com os olhos enchendo-se de lágrimas, "fui eu que o registrei! Ele é meu filho! Onde estava o André quando Clara teve a criança, quando precisou de ajuda para criá-lo? Eu!", repetiu para si mesmo. "Eu sou o pai!"

Após alguns minutos de angústia interminável, conseguiu acalmar-se. Era natural que a mãe desejasse contar ao filho sobre o seu verdadeiro pai. Pareceu-lhe então que precisava compreender Clara. Foi, assim, com este pensamento que Bernardo caminhou até ao quarto dela.

A dobradiça da porta rangeu ao seu toque. Ao entrar, viu Clara colocando seu filho no berço.

A janela tinha ficado entreaberta, e por ela entrava um vento bom, caprichoso, que adentrava quando lhe dava na telha. A cortina levantava voo, como se fosse um pássaro.

O abraço carinhoso dela o fez esquecer de todas as suas aflições. Bastou um beijo para que Bernardo voltasse a sorrir como uma criança e a estampar no rosto a felicidade de estar apaixonado. O amor tinha dessas coisas e era capaz de aquietar a mais pungente das dores, ainda que momentaneamente.

A penumbra do quarto revelava aos poucos o contorno dos dois corpos estirados sobre a cama desarrumada. Os braços dele a enlaçavam e a puxavam para perto de si. Ela pousou a cabeça no peito do namorado, cujo coração ela desejava ouvir.

— Minha linda, você sabe de onde vem a palavra céu?

Clara disse que não sabia, mas gostaria de saber.

— Um senhor muito sábio que conheci lá no sul da ilha me explicou um dia que a palavra "céu" vem do latim *coelum*, que significa côncavo, porque o céu parece uma grande concavidade.[18]

Após uma pequena pausa, falou um pouco mais do que sabia sobre o céu.

— Sabe, Clara, os antigos acreditavam na existência de muitos céus. Segundo a opinião geral, havia sete céus, por isso que às vezes ouvimos a expressão "estar no sétimo céu", quando se está extremamente feliz. Os muçulmanos, porém, eram mais exigentes e acreditavam em nove céus. O astrônomo Ptolomeu, então, era o mais exigente, pois acreditava que havia onze! Para os católicos, contudo, não havia tantos assim, apenas três. Por isso que disseram, quando Paulo de Tarso desencarnou, que ele foi para o terceiro céu, onde morava Deus.

Bernardo a enlaçou com mais força e Clara gostou de ter aqueles braços ao redor de si. A voz mansa e baixa de Bernardo aquietava o seu coração. Por pouco não lhe disse que se sentia no sétimo céu.

— Para mim, Clara — prosseguiu o rapaz —, o céu é um estado de alma que varia conforme a visão interior de cada um.

Bernardo cravou seus belos olhos em Clara e sorriu. Precisou se conter para não lhe confidenciar que estar na presença dela era como estar no seu pequeno céu. Fossem três, nove, onze ou quantos fossem, para ele existia um céu apenas, no qual habitava a paz do espírito dentro de si. Era no seu coração que abrigava um pequeno céu.

---

18. Nota do autor: O significado da palavra "céu" e a quantidade de céus que os antigos acreditavam existir têm como fonte o livro *O Céu e o Inferno*, de Allan Kardec, primeira parte, capítulo 3. Edição FEB.

Do mar, chegava o barulho bom das ondas quebrando na praia, batendo contra as rochas.

Clara reclinou sua cabeça nos braços de Bernardo. E ouviu o que ele disse.

— O reino de Deus, meu anjo, está dentro de nós...

De súbito, Clara o interrompeu, complementando:

— E o inferno, também.

Ele sorriu, beijando uma das mãos dela. Concordou com o que Clara disse sobre o inferno, pois acreditava também que assim como o céu estava dentro de nós, assim também estava o inferno.

Ouviu dela a seguinte explicação.

— Sabe, Bernardo, o inferno é o remorso pela consciência culpada, não as fornalhas e o fogo eterno, mas o remorso a lhe atormentar. E, assim como o céu, o inferno também está dentro de nós, pois o carregamos conosco quando o sentimento de culpa nos acusa. Deve ser uma dor muito grande, a do remorso, não acha?

Bernardo fixou em Clara seus olhos úmidos. Uma sensação de já ter ouvido a mesma explicação o tomou por inteiro. Estranhou as lágrimas, a dor no coração. Não compreendeu o que se passava consigo, pois foi tomado por uma tristeza mortal.

O tempo parecia que estava mudando. Relâmpagos clareavam o quarto. O bramido das ondas rompendo na praia se confundiam com os trovões, que anunciavam chuva.

Clara sentiu frio e puxou o cobertor. Beijou Bernardo e o calor do corpo dele aqueceu o dela. Falou sobre como o tempo mudava rápido em Florianópolis e de como amava a chuva. Também lhe contou sobre a sua preocupação em arranjar um emprego.

Ao olhar desatento, parecia que Bernardo prestava atenção ao que ela lhe dizia, mas o rapaz nada ouviu. Seu pensamento estava longe, e uma estranha sensação de remorso pareceu que o inquietava, porém ele não entendia aquela sensação de culpa. Foi o beijo rápido de Clara em seus lábios que o despertou de seus pensamentos.

Ao olhar para aquela que gostava de ouvir as batidas do seu coração, a estranha sensação de culpa e remorso se dissipou.

Então lhe confidenciou, à meia-voz:

— Clara, eu a amo....

Um relâmpago clareou o quarto. Por alguns segundos, Bernardo vislumbrou o rosto de Clara, cujos olhos transpareciam profunda alegria.

Ele se levantou. Quando ela se sentou na beirada da cama, Bernardo ajoelhou-se aos seus pés, e então ouviu Clara lhe dizer:

— Eu também o amo, André!

23
Turbilhão

Os dois principais jornais de Florianópolis, *A República* e *O Estado*, davam como certa a vitória de Flávio Aducci para governador de Santa Catarina, mas a dúvida era quanto às eleições federais naquele ano de 1930. Os dois jornais eram claramente pró--Júlio Prestes, e quanto ao candidato gaúcho Getúlio Vargas diziam que ele não teria chance alguma. Era o assunto do momento. Em todos os bares, clubes e até nas praias, entre os pescadores, não se falava em outra coisa: as eleições para presidente.

A vitória de Júlio Prestes nas eleições de março de 1930 deflagrou um movimento revolucionário comandado por Getúlio Vargas para tirar Washington Luís do poder. Com o apoio dos estados de Minas Gerais e Paraíba, Getúlio Vargas e seu exército iriam até a capital do país, Rio de

Janeiro, para depor o presidente. Entretanto, no meio do caminho havia um grande empecilho chamado Santa Catarina, pois Flávio Aducci fora eleito governador do estado e se recusou, portanto, a se unir a Getúlio.

Jornais davam as últimas notícias, e houve temor de invasão. Florianópolis tornou-se uma cidade soturna, onde as pessoas andavam de cabeça baixa e temerosas. O lixo se acumulava nas ruas e começaram a faltar alimentos nos mercados. O jornal *Folha Nova* publicava apelos aos moradores para manterem a calma, embora todos soubessem que a invasão da ilha pelas tropas de Getúlio era apenas uma questão de dias.

Em 14 de outubro de 1930, uma cena nunca vista antes em Florianópolis assustou e surpreendeu a todos. Aviões voaram sobre a cidade jogando panfletos revolucionários. Os panfletos tomaram todo o centro. As crianças corriam para pegá-los, ingênuas que eram. O vento teimava em levá-los para longe, e a gurizada, rindo da brincadeira, corria atrás das mensagens intituladas "Conclamação ao Povo".

O vencedor da eleição de 3 de agosto de 1930 continuava irredutível: Santa Catarina não iria se render! Alheio ao pânico dos moradores, a vida no palácio do governo continuava como se não soubesse que tropas avançavam e que por onde passassem muitas pessoas morreriam.

Em 7 de outubro, chegou a Florianópolis o general Nepomuceno Costa, aquele que protegeria a ilha de Getúlio. No mesmo dia, o Almirante Heráclito Belfort veio se juntar na defesa da ilha a bordo do Cruzador Bahia. A ponte, que era como um monumento precioso e intocável para os florianopolitanos, foi tomada pelos generais, que a eletrificaram e retiraram todo o seu piso de madeira. Uma bateria de artilharia foi estacionada na cabeceira insular da ponte, onde foram cavadas trincheiras.

A ilha estava protegida por navios carregados de armas, canhões, canhões antiaéreos e lança-torpedos. Nunca se viu algo parecido na pacata Florianópolis. E de repente o pacato mundo daqueles tranquilos habitantes se transformou num inferno.

Os moradores se desesperavam quando encontravam aqueles soldados mal-encarados andando de um lado para outro, tomando pontos tão queridos, que se sentiram invadidos, antes mesmo que os invasores chegassem.

O governador continuava firme na resolução de permancer legalista, e o povo teve de passar por todo tipo de provação.

No Largo 13, arrebatado pelo terror, Bernardo gritava para Clara, que fazia as malas:

— Corra, pegue só o essencial, vamos voltar logo, se Deus quiser. Cadê Vinícius, meu Deus, onde está o seu irmão, Clara? Onde?

O desespero tomou conta de Bernardo, que ajudava Clara com as malas e com Pedro nos braços. Ele não entendia o que estava acontecendo.

Granadas causaram enorme estrago em São José e Palhoça, no continente. A estação de rádio do Estreito tinha sido bombardeada. A ilha estava às escuras e o pânico se generalizou.

Moradores corriam de um lado para outro, tentavam fugir carregando o pouco que podiam. O grosso da população de Florianópolis abandonou a capital, num êxodo sem precedentes na história.

Quando, enfim, chegaram à esquina, Bernardo tentou acalmar Pedro, que não parava de chorar, e Clara era uma tristeza só, e em meio a lágrimas, perguntava:

— O que está acontecendo? Que pesadelo é esse?

Vera e Rômulo se juntaram a eles, e todos se abraçaram, temendo o pior.

— Isso não está acontecendo, deve ser um pesadelo! — gritava Clara em pânico, com Pedro chorando nos seus braços.

Bernardo tentava consolá-la, embora ele mesmo fosse um poço de desespero, pois não conseguia encontrar Vinícius em lugar algum.

A capital recebia violentos ataques dos canhões dos navios que atingiram inúmeras residências e casas comerciais.

Era o dia 25 de outubro de 1930. As tropas do Rio Grande do Sul conseguiram cruzar a Ponte Hercílio Luz e invadiram Florianópolis.

Não havia mais nada a fazer, a cidade estava tomada e o caos era generalizado, pois as pessoas tinham se deslocado para o interior da ilha em busca de um esconderijo. Podiam-se avistar inúmeros grupos de pessoas caminhando para o sul, enquanto legiões seguiam rumo ao norte.

O governador e o alto Comando fugiram, deixando o próprio palácio abandonado, com as portas escancaradas.

Levas enormes de homens marchavam em direção à Praça XV, comandadas por Ptolomeu Assis Brasil.

Não muito longe dali, no Largo 13, na esquina do cortiço onde morava, Bernardo ouviu tiros, e pessoas saqueando o pouco que restara de uma quitanda.

Ele já esperava o pior, quando Vinícius veio correndo em sua direção. Os amigos se abraçaram, fortemente. O irmão de Clara estava explicando o que havia acontecido quando um automóvel em alta velocidade parou perto do pequeno grupo e um homem saiu gritando:

— Bernardo, venha; vocês todos! Venha, Clara, cuidado com o Pedrinho! Bernardo, traga as malas, rápido!

Era André.

"Mas como? Como?", pensou Clara, parada como se fosse uma estátua. "Como André e Bernardo se conheciam? Como ele sabia o nome do seu bebê? Como era possível? O que estava acontecendo?"

E, então, ouviu o pai do seu filho lhe dizer:

— Venha, Clara, não há tempo para explicações. Vamos sair daqui!

As rodas rangeram no cascalho e o automóvel de André partiu em disparada pelas ruas de Florianópolis em direção a Santo Antônio de Lisboa.

A Praça XV foi, então, tomada pelas tropas gaúchas, com seus lenços vermelhos. Dois dias depois, o presidente Washington Luís seria levado preso à Fortaleza de Copacabana, na capital do país. Era o fim de uma era, era o fim da República Velha.

24

A Festa do Divino

Alguns meses antes de deixar Florianópolis rumo a Santo Antônio de Lisboa e antes da invasão das tropas de Getúlio Vargas, André estava se sentindo tão agoniado que resolveu dar um passeio. Caminhava tristonho por uma rua, quando os viu.

O cortejo imperial vinha em sua direção. O casal de imperadores vinha à frente. Ele viu aquela estranha bandeira, a bandeira do Divino, era toda feita de pano vermelho, sobre a qual havia uma pomba branca bordada. A bandeira era sustentada por um mastro muito alto de aproximadamente dois metros, em cuja ponta havia outra pomba branca, ornada de flores. Da ponta do mastro, caíam fitas coloridas.

"Mas que coisa era essa, de onde vinham essas pessoas? Quem era aquele estranho casal vestido de rei e rainha?", pensou André.

De repente, se lembrou de ter estudado nas aulas de história sobre a Festa do Divino. Ela se originara na cidade de Alenquer, Portugal, em 1296. A então rainha Isabel de Aragão era casada com dom Diniz. As desavenças entre pai e filho entristeciam a pobre rainha, que prometeu um dia de culto, caso o Espírito Santo resolvesse o desafeto entre pai e filho. André recordou que assim que viu seu pedido atendido, a rainha Isabel passou a coroar um mendigo, que se tornava rei por um dia.

Lembrou-se de que foram os açorianos que trouxeram a tradição e que desde então percorriam as ruas da cidade com a bandeira, acompanhados por músicos e cantadores.

O casal real cantava e cercava André. Pessoas juntaram-se ao rei e à rainha, que roçavam a bandeira sobre os ombros do rapaz, que se viu no meio da multidão sem ter como escapar.

A música era cativante, e o moço logo aprendeu a cantar. Ao som da rabeca, da viola e do tambor, André se permitiu cantar com eles e, como eles, reverenciou o rei e a rainha. Uma indescritível alegria alojou-se no seu íntimo. De porta em porta, casa em casa, cantou alegremente com o cortejo imperial, enquanto o mastro com a bandeira do Divino parecia dar vida às fitas coloridas que caíam de suas pontas, como um bando de pássaros a voar. Era de uma beleza que encantou André.

E então ouviu de uma das senhoras que participava do cortejo:

— Meu filho, vejo dor nos seus olhos! Saiba que quem tocar a bandeira ou beijar a pomba do Divino receberá uma graça do Espírito Santo...

André tocou a bandeira e sentiu a sua textura entre seus dedos, sentiu-a deslizar; tocou então seus lábios na pomba do Divino, com carinho e fé.

O mastro que carregava a bandeira balançava ao vento, e suas fitas coloridas enfeitavam o céu azul.

Encantado, André se curvou perante o casal imperial e, humilde, sentiu que algo nele se manifestava.

"O que será isso, meu Deus?", pensou ele, ao sentir uma alegria que havia muito não sentia.

Como por encanto, sentiu uma profunda alegria em viver, e o amor era o combustível daquela alegria. Um profundo e destemido amor fez com que ele cantasse e dançasse junto dos foliões da Festa do Divino. Um profundo e destemido amor fez com que acompanhasse o cortejo imperial de casa em casa, cantando com todos suas músicas cheias de alegria e fé.

Depois de uma indescritível tarde, abriu caminho entre a multidão. Com um profundo e inquestionável amor, André despediu-se daquela gente festeira com um aceno de mãos, correndo de volta para casa. Era o amor que dele irradiava que escancarou as portas e as janelas. O amor, combustível que sustentava a chama do nobre sentimento, iluminou a casa antes sombria.

Ainda podia ouvir aquela gente alegre e cheia de fé a cantar pelas ruas seguindo o cortejo imperial. Das ruas vinha uma alegria que André desconhecia. Sentiu um desejo incontrolável de dançar ao som da rabeca, da viola e do tambor, revereciando o rei e a rainha. Ainda sentia a bandeira do Divino a tocar-lhe os ombros. Lembrou-se de como se sentiu ao tocá-la e ao beijar a pombinha branca bordada no seu tecido vermelho.

Subiu o lance de escada até seu quarto. Toy o recebeu com festa. Da janela do seu quarto, a visão da ponte Hercílio Luz lhe trouxe doces lembranças. Pareceu-lhe que tinha sido feliz um dia, e de como era bom tal estado de espírito.

— Clara! — ele disse a si mesmo, tocando com uma das mãos o coração, aquele que a moça sempre gostou de escutar.

25
Amor

— *O homem jamais é tão forte do que quando sente a sua fraqueza; ele pode empreender tudo sob o olhar de Deus* — disse irmão Teodoro, andando pelas ruas de Santo Antônio de Lisboa ao lado da irmã Cecília.

— *Sabe, minha filha* — continuou o bom velhinho depois de alguns momentos em silêncio —, *é quando nos damos conta da nossa pequenez que nos tornamos grandes. É quando nos rendemos aos cuidados de Deus, deixando de lado as nossas arrogâncias e títulos de nobreza.*

Cecília ouviu com atenção. Sentia-se profundamente feliz quando era convidada para acompanhar um dos diretores da colônia espiritual em suas visitas diárias à cidade.

Santo Antônio de Lisboa era um encanto para os seus olhos, e comentou com o benfeitor:

— *Que lugar lindo, este! Difícil acreditar que se encontra quase idêntico ao que era no tempo dos imigrantes açorianos.*

Teodoro reparou como era verdade o que a jovem senhora dizia. Notou como pouco havia mudado desde quando ainda se chamava Nossa Senhora das Necessidades, uma pequena e distante freguesia que cresceu no molde das vilas portuguesas, com uma ou duas ruas principais em paralelo com o mar, e poucas transversais.

Caminhou com Cecília pelas ruas daquele lugar encantador, sentindo um cheiro bom de alecrim perfumando o ar. Irmão Teodoro virou-se para a amiga e lhe perguntou:

— *Irmã Cecília, o que você faria por amor? Por um amor verdadeiro, eu quero dizer.*

Cecília se encostou numa árvore e, olhando para a belíssima Igreja Nossa Senhora das Necessidades, respondeu:

— *Se eu amasse realmente, faria tudo para fazer feliz aquele que amo. Acho que é isso o que todos os que realmente amam querem fazer: fazer o amado feliz. Não existe felicidade maior.*

Encantado com a resposta, o benfeitor caminhou até o portão de entrada da igreja.

Lembrou-se do dia em que o sargento-mor Manoel Manso de Avelar veio morar em Santo Antônio de Lisboa na companhia da bela filha Clara Manso Avelar.

— *Claramancia, como Clara era conhecida* — Teodoro explicou à Cecília —, *foi uma mulher notável. Dedicou sua vida à caridade, espalhando benefícios por onde passava. Ela própria ensinava aos escravos como ler e escrever, jamais permitindo que seus escravos ou empregados fossem maltratados. Doou um grande e valioso terreno para a construção da Igreja Nossa Senhora das Necessidades, que começou a ser construída em 1750 e foi concluída cinco anos depois.*

O benfeitor fez uma pausa em sua explicação quando avistou uma criança que havia acabado de sair da igreja. No adro, o garotinho se deu conta de que se esquecera de algo. Pareceu-lhe que o garoto correu de volta à entrada da igreja, ofegante, envergonhado de seu esquecimento. Foi quando Teodoro soube o que havia deixado a pobre criança tão inquieta. Ela havia esquecido de se ajoelhar à porta da igreja, fazendo o sinal da cruz.

O benfeitor virou-se para Cecília e lhe disse, comovido:

— *Não precisava ter ajoelhado ou ter feito o sinal da cruz, é claro. Sabemos que o importante é a humildade e a gratidão. Contudo, me encanta o fato de uma criança ter se incomodado em voltar e agradecer, humildemente, seja o que for que tenha pedido a Deus.*

Acompanhou o menino com o olhar até que a criança virou uma esquina. Teodoro voltou, então, a contar para Cecília sobre Clara Manso Avelar.

— *Claramancia casou-se com Francisco Antônio Branco e viveu quase até os cem anos de idade, desencarnando em 22 de outubro de 1790. Uma alma dedicada ao próximo e que soube vivenciar os ensinamentos do Cristo.*

Teodoro olhou para a igreja que, de tão bela, fez o velhinho se emocionar, pois lá ela se encontrava depois de tanto tempo. Pensou nos anos que passaram e de tudo o que testemunhou, ignorando o tempo que passava. Soberba em sua simplicidade, Claramancia também soube amar, pois fazia felizes aqueles a quem amava.

A Igreja de Nossa Senhora das Necessidades tinha uma fachada simples, em estilo barroco, com um grande óculo ao centro. Suas paredes externas eram feitas de pedra fixadas com óleo de baleia, cal de ostras e barro. Nas internas, o estuque foi montado com ripas de palmeira içara, com uma mistura de óleo de baleia, barro batido e cal.

— *Ela não é linda?* — perguntou o benfeitor, encantado com a igreja. — *Sabia que Dom Pedro II veio conhecê-la em 1845?*

— *Sim* — respondeu Cecília —, *que bela!* — e não se conteve, desatando a chorar. Cobriu o rosto com as mãos, como quem tivesse vergonha de ter se descontrolado.

Irmão Teodoro olhou para a mulher à sua frente e, com muito carinho, a envolveu numa luz de amor. Ele sabia por que irmã Cecília estava chorando.

Ela muito amou, porém nunca foi amada. Namorou com poucos, noivou com um deles. Pareceu à jovem que finalmente conheceria a felicidade de formar uma família, já que o rapaz prometera que se casaria com ela. Irradiando alegria, comprou o vestido de noiva e organizou a cerimônia; contudo, os pais de Cecília estavam preocupados, pois nada sabiam do tal noivo da filha, mas sabiam o quanto ela parecia gostar do rapaz. Era a primeira vez que Cecília amava e era amada. Ela brincava com as amigas, dizendo:

— Amo e sou amada, e pela mesma pessoa!

Mas a moça nunca foi realmente amada como amou. Quando chegou à igreja, foi recebida pelo irmão, que lhe disse que o noivo não havia chegado; a igreja estava lotada e o padre, impaciente. Após esperar por quase meia hora, ela se conformou com o que tinha acontecido e pediu ao irmão que informasse ao padre e aos convidados sobre o ocorrido.

— *Irmã Cecília, embora eu saiba o quão difícil é, mas é de suma importância que você saiba perdoar. Quem sabe, minha filha, dos laços que a uniram àquele rapaz? Primeiro, é necessário o autoperdão. Perdoe-se por ter sido ingênua, por ter dado tanta importância ao casamento, quando deu tão pouca importância a outros bens infinitamente mais preciosos. O autoperdão a conduzirá a perdoar àquele que lhe fez mal. Embora tenha sido uma experiência difícil, saiba que nada acontece por acaso.*

Irmão Teodoro pousou a mão no ombro de Cecília. Com um sorriso amigo, despertou na jovem senhora ânimo para compreender e aceitar a dor.

"Ah, como se enganam os que acreditam que ao desencarnar todos os seus dramas estarão resolvidos. Pensam que ganharão a sabedoria. Iludem-se pensando que a dor não mais lhe causará angústia", pensou o benfeitor.

Os desencarnados não viram anjos nem tampouco ganham asas, como muitos pensam. Eles são no além-túmulo exatamente como foram quando encarnados, com as mesmas qualidades e com os mesmos defeitos. Um fofoqueiro será fofoqueiro no além e um tímido continuará a ser tímido, pois o espírito conserva sua individualidade e suas características após o desenlace, continuando a ser exatamente como era quando encarnado.

"O progresso não dá saltos", Teodoro pensou, *"como seria bom que ao desencarnar ganhássemos a sabedoria dos espíritos puros! Seria muito bom para irmã Cecília que, após o desencarne, pudesse esquecer-se do trauma de ter sido abandonada pelo noivo no dia do seu casamento, ou da dor de nunca ter sido amada verdadeiramente. Contudo, é importante que saibamos que, ao desencarnar, os nossos problemas, dramas, inseguranças ou qualquer uma das imperfeições humanas, não desaparecerão, pois iremos para o outro lado da vida com a nossa individualidade, que não se perde com a passagem."*

Tomou uma das mãos de Cecília e a beijou carinhosamente.

Teodoro se afastou um pouco da discípula e caminhou até a praia, pois era sempre uma alegria para o bom velhinho caminhar à beira-mar.

As praias em Santo Antônio de Lisboa eram de águas cálidas e tranquilas, algumas delas possuíam grandes rochas e pedras por toda a sua faixa de areia grossa. Os índios carijós que habitavam aquela região a chamava de "rerituba", que em tupi-guarani significa "abundância de ostras".

Caminhando pela praia junto ao costão de pedra, o benfeitor chegou à ponta da praia, de onde avistou algo encantador. Um arroio descia de um dos morros, formando uma cascata que desaguava numa piscina natural.

Foi nesse local que irmão Teodoro notou a presença de um homem que cantava baixinho.

Reparou nos seus pés descalços, a barra da calça dobrada até quase os joelhos, notou as mãos nos bolsos, seu olhar distante e gostou do chapéu de palha que o jovem usava.

Era Bernardo.

Clara se aproximou, com Pedro no colo. Toy, o cachorrinho de André, veio correndo logo atrás, abanando o rabinho.

Teodoro riu quando o rapaz fez graça para fazer a criança sorrir, fazendo caretas e cócegas. O amor que só queria fazer o amado feliz.

Emocionou-se o bom velhinho com as pessoas que acreditavam no amor. Sabiam por intuição que era um sentimento de essência divina.

O benfeitor sorriu quando Toy se juntou a eles, abanando o rabinho, querendo agradar. Ele também sabia amar, ao seu modo.

Aproximou-se e Teodoro ouviu Clara perguntar:

— Como será que estão as coisas lá no centro de Florianópolis, Bernardo?

— Não sei, Clara — respondeu —, mas espero que esteja tudo bem. Nossos amigos estão lá, o seu Cláudio, o Marcos, a Isabel, todos os que a gente ama! E dói não saber o que está acontecendo com eles.

Bernardo tocou de leve na mão de Clara e com o olhar fixo em seus olhos, disse:

— Temos de ter fé! Tudo passa, Clara, logo iremos voltar e tudo será como antes.

— Por que você procurou André? Por que você levou o Pedrinho para ele conhecer? — ela perguntou, subitamente.

Irmão Teodoro sentou-se numa pedra e afundou seus pés nas águas calmas da piscina natural.

De onde estava, podia-se avistar a praia. Amava o mar, o bom velhinho; pareceu-lhe que nada lhe fazia tão bem quanto o mar, a eterna testemunha de tantos casos e acasos, alegrias e tristezas e o vaivém de suas ondas lhe diziam o quanto tudo era eterno na finitude do humano e na infinitude do espírito.

O som triste de alguém chorando o angustiou. Bernardo chorava, e pareceu ao benfeitor que era um choro de uma profunda tristeza. O rapaz fungava por entre as lágrimas; Pedro e Toy pareciam preocupados também, cada um a seu modo. Em pequenos gestos de amor, Toy abanava seu rabinho e chegou a lamber os pés de Bernardo enquanto Pedro fez uma graça, pois esses dois pequeninos também sabiam amar.

Clara sempre achou o choro algo difícil de se assistir, nunca soube o que fazer quando alguém chorava perto dela e sempre achou o choro de um homem ainda mais tristonho.

Abraçou Bernardo, lembrando-se das explicações de dona Diná para como doar amor, a chama que aquece e ilumina. Podia-se doar com a imposição das mãos, com o toque ou mesmo com um olhar, porque o importante é querer doar o seu amor. O que mais quer uma mãe quando beija o machucadinho do filho, que a ela veio chorando?

Clara abraçou o rapaz com o desejo de doar todo o amor que fosse possível. Sabia dos benefícios da doação de fluidos, pois era o que queriam fazer aqueles que tocavam o ombro do amigo quando este lhe contava sobre um problema; era a intenção de amparar o próximo por meio da doação de amor que levava um ser a tocar em outro, transmitindo-lhe uma fagulha de luz, um lampejo de esperança.

Foi o que Clara desejou fazer ao abraçar Bernardo. E ela doou todo o amor que lhe foi possível doar.

Irmão Teodoro sabia do poder desse sentimento de essência divina. O amor era o bálsamo a que deveríamos recorrer quando tudo mais mostrava ser ineficaz, em vão.

Sentindo-se mais calmo, Bernardo desvencilhou-se dos braços de Clara e lhe disse:

— Eu sei que você ainda ama o André, na verdade, eu sempre soube. Sei que você ainda o ama e que sente a sua falta. Além do mais, ele é o pai do seu filho. Não era justo, Clara, entende? Não era justo eu ficar no meio, impedindo de...

— Mas eu o amo, Bernardo! É você quem eu quero, é você, meu amor! — disse ela, segurando as mãos dele contra o seu peito arfante.

Bernardo então lhe contou:

— Antes de todo o pesadelo da invasão da cidade pelas tropas de Getúlio Vargas, fui ao seu quarto numa noite e eu lhe disse que a amava. Você me pareceu tão feliz! Mas ao dizer que também me amava, disse o nome de André em vez do meu...

Clara cobriu o rosto com as mãos, envergonhada. Pedro estava ao seu lado, e levantou os braços como se pedisse para a mãe pegá-lo nos braços. Toy dormia ao lado de Bernardo.

Irmão Teodoro reparou como Clara estava em profunda agonia por ter chamado Bernardo de André.

O rapaz, a tocou, de leve. Pousou sua mão delicadamente sobre o ombro dela, e o benfeitor observou como a mão de Bernardo emitia chispas de uma luz azulada que pareciam acalmá-la.

Clara enxugou as lágrimas, colocou o filho no seu colo, e beijou-o. Em seguida, ouviu Bernardo:

— Pensei muito antes de procurar André, pois sabia que não haveria volta, se assim fizesse. No entanto, André se mostrou tão receptivo. Enquanto conversávamos, pude sentir o quanto ele ainda gostava de você e o quão arrependido estava de tê-la abandonado e ao filho. Quis saber tudo sobre Pedro. Pediu quase desesperadamente que eu levasse o menino para ele conhecer.

Teodoro ouvia com atenção.

— Levei o garoto para conhecer André no dia seguinte, enquanto você e Vinícius tinham ido cuidar da casa de dona Diná, que precisava ser devolvida para o dono. Enquanto os dois brincavam na pracinha, Clara, reparei no modo como ele falava e brincava com Pedro. Ele quis saber dos detalhes do parto e como você fez para criá-lo sozinha.

Bernardo parou mais uma vez, como se buscasse na memória os acontecimentos.

— Porém, chamou-me a atenção um fato que nunca mais esqueceria. Enquanto ele ouvia as explicações sobre o nascimento de Pedro, André acariciava as mãozinhas da criança com tanto carinho que não tive dúvidas. Foi quando se intensificaram as visitas, e as conversas entre nós ficaram cada vez mais profundas e íntimas.

Bernardo olhou para as mãos de Clara. Ela também estava acariciando as pequenas mãos do filho.

Baixou os olhos e ficou a olhar para o seu reflexo na água cálida da piscina. Baixou uma das mãos e, com um movimento na água, desfigurou o reflexo.

Irmão Teodoro envolveu o rapaz em sua luz. Crivou-o com mensagens elevadas e consoladoras.

Quando irmã Cecília se aproximou, o benfeitor lhe contou sobre Bernardo.

— *O amor deste rapaz é verdadeiro. O amor, quando autêntico, dá testemunho da sua fidelidade. Bernardo está provando que seu amor por Clara é fiel.*

— Mas como, benfeitor. Eu não entendo! — Cecília disse, ainda sem entender como Bernardo estava demonstrando que seu amor era fiel.

— *O amor* — explicou irmão Teodoro — *tem dessas coisas. A fidelidade é prova da falta de exclusivismo. No caso de Bernardo, ele abriu mão do amor de Clara em favor do amor dela por André. Fiel até o fim.*

E o benfeitor finalizou o seu pensamento:

— *Como você própria disse, quem ama quer fazer o outro feliz. Pois para fazer alguém feliz, às vezes, é necessário saber renunciar à sua própria felicidade.*

26

A pesca de arrasto

Julinho, do alto de um penhasco, observava o mar. Julinho era um garoto ainda, nem doze anos completos tinha, mas naquele dia se sentia como se fosse um adulto, pois o que tinha de fazer era de muita responsabilidade.

Ele prestava atenção aos mínimos movimentos do mar, ao mais remoto sinal. Porém, nada, nem um movimento nas águas denunciava o que procurava. Um pouco decepcionado e um tanto quanto entediado, olhou do alto do penhasco para a praia. Lá se encontrava uma pequena multidão, todos esperando o seu sinal.

"Que responsabilidade!", pensou o menino.

Começou a se preocupar, tremeu de frio. O vento sul insistia em despenteá-lo, ele que aos quase doze anos já era vaidoso. Olhou mais uma vez para o mar, nada ainda, nem um sinal delas.

Quando fugiram da invasão pelo exército de Getúlio e buscaram refúgio em Santo Antônio de Lisboa, foram todos morar em um pequeno sítio de um tio de André e Vera, o senhor Natanael.

A casa era pequena, mas confortável para o pequeno grupo. Clara se sentiu estranha na presença de André e a incomodava o fato de ouvi-lo chamando Pedro de seu filho.

— Vem com o papai, vem! Coisa linda do papai! — ele dizia, pegando a criança no colo e a rodopiando no ar.

Na praia, enquanto esperaravam pelo sinal de Julinho, André estava segurando Pedro no colo, fazendo cócegas na sua barriga, a criança ria e sua risada era tão boa de se ouvir! A risada de uma criança é sempre contagiante.

Perto dali, Clara e Vera, sentadas em um tronco caído, olhavam para aquele belo homem loiro, com um chapéu de palha e calça dobrada até quase o joelho. Um pequeno comentário de uma delas e ambas riram. Vera comentou que André era clarinho, comparado com os outros já bronzeados.

Bernardo e Vinícius arrumavam as redes e posicionavam as canoas para o momento certo. Os camaradas vieram dos arredores de Santo Antônio de Lisboa, todos ansiosos pelo quinhão. Um deles olhava apreensivo para o mar e se perguntava:

— Será que aparecerão? Darão a honra de sua visita majestosa?

Olharam todos para Julinho lá em cima do morro, e nada, nem um sinal.

Bernardo desviou o olhar e avistou Clara, ela estava mais linda do que nunca, usando um chapéu de palha com uma fita vermelha e parecia feliz.

Foi quando ouviu a voz de Vinícius.

— Olha! Elas chegaram! — ele gritou, contente como uma criança vendo Julinho gesticular feito louco lá em cima do morro.

A pequena multidão reunida na praia olhou para o alto do penhasco, de onde Julinho abanava seu chapéu anunciando que elas haviam chegado!

A princípio, tudo o que o menino viu foi uma enorme mancha vermelha no mar, e peixes pulando de um lado para outro e, aos poucos, avistou o cardume. Julinho, o olheiro pescador, acenou o seu chapéu anunciando o início da pesca de arrasto.

— São elas, as tainhas! Elas vieram! — o menino gritou radiante de felicidade, abanando o chapéu vigorosamente.

Assim que viram o sinal do olheiro pescador, os homens lançaram as canoas ao mar e esperaram o momento certo para lançar as redes. As tainhas eram ariscas, e muito espertas, fugiam do lanço. Os pescadores cercavam o cardume, batiam na água com os remos para que os peixes pulassem para dentro das redes.

Dezenas de pessoas correram para a beira da praia e ajudaram a puxar as redes. O trabalho cooperativo era sempre uma festa, pois se cantava ao ritmo do puxamento das redes.

Era preciso cinco ou mais redes para o arrasto. As tainhas pulavam de uma rede para outra, cedendo enfim na última, razão pela qual esta conseguia pegar sempre mais peixe.

Clara segurava Pedro no colo e lhe falava:

— Olha, filho, olha o papai pescando com o Tio Vinícius! — e os olhos da moça se encheram de lágrimas, pois nunca pensou que assistiria a uma cena como aquela. Jamais pôde pensar que veria André numa pesca de arrasto de praia. Ouviu-o rir, percebeu o quão feliz ele estava em ajudar Vinícius e Bernardo com as redes.

Ao avistar Clara, André acenou com as mãos. Vinícius o abraçou, contente com a pescaria.

Julinho desceu o morro e veio correndo até a praia, se jogando ao mar de roupa e tudo, para ajudar a puxar as redes.

A pesca da tainha era praticada naquela praia desde a chegada dos imigrantes açorianos. Esse tipo de pesca cooperativa seguia os mesmos costumes dos primeiros pescadores. Todo o peixe capturado era dividido com todos que haviam participado da pesca de arrasto por meio do regime do quinhão.

Como donos do barco, Seu Natanael ficaria com um terço do que pescaram e o restante seria dividido entre os camaradas.

Haveria festa na palhoça de dona Cândida à noite, uma das moradoras da ponta da praia, e todos foram convidados. O vento sul estava castigando naquele finalzinho de tarde, mas quem se importava? Quem se importava com alguma coisa, fossem os gaúchos invadindo Florianópolis ou o vento sul, quando se estava feliz? Esqueceram até das próprias tristezas, animados com a pesca e com a festa à noite. A felicidade tinha dessas coisas.

As primeiras estrelas apareceram no céu, ainda tímidas. Aos poucos, foram se acendendo.

Os últimos pescadores recolhiam seu quinhão. Bernardo olhou para aquele céu iluminado, fechou os olhos e agradeceu. Então, ouviu a risada de Clara.

— Ah, Clara, você sabe como amo as estrelas... — ele disse, pois pensou que ela ria dele, mas Clara não ria de Bernardo, mesmo porque nem tinha notado que o rapaz estava olhando para as estrelas.

Ela rira de algo que André havia lhe contado.

Bernardo desviou o olhar para o chão, sufocando as lágrimas dentro do peito.

Enquanto recolhia as últimas redes, ele percebeu como havia escurecido. Gostava do escuro da noite, pois era quando as estrelas se tornavam visíveis a olho nu. Demorava alguns minutos para que o olho se acostumasse com a escuridão, e Bernardo deixou que aos poucos seus olhos vislumbrassem aquelas coisinhas brilhantes no céu.

Não havia nenhum candeeiro aceso ao redor, e a escuridão era total. Vinícius estava do outro lado da praia conversando com os pescadores da região. André acompanhou Clara e Pedro até a casa do Seu Natanael. Não soube dizer onde estavam Vera e Rômulo. Encontrava-se sozinho na praia deserta e escura.

Na noite anterior, conversando com o tio de André e Vera, ele confidenciou que também amava as estrelas. Contou a Bernardo que os antigos navegavam pelos mares tendo as estrelas como referência e o corrigiu, quando o rapaz disse que as estrelas brilhavam.

— As estrelas não brilham, elas cintilam — disse Natanael.

Bernardo não sabia o que significava aquela palavra, mas gostava do som, gostou de saber que as estrelas não brilhavam, mas cintilavam.

Mergulhado em seus pensamentos, relutou em admitir para si mesmo como estava sendo mais difícil do que ele pensara trazer André de volta para Clara e por pouco não se arrependeu.

Uma força descomunal foi necessária para não beijá-la quando conversavam na piscina natural na ponta da praia. Uma forte determinação de seguir adiante com a sua intenção de reaproximar André e Clara tinha de ser bem administrada para que Bernardo não enlouquecesse, pois não pensou que fosse doer tanto vê-la rindo dos comentários de André, de suas brincadeiras. Doeu mais do que qualquer ser humano poderia suportar quando reparou que Pedro também se acalmava nos braços do pai. Era sempre nos braços de Bernardo que a criança se aquietava e parava de chorar.

Avistou Vinícius, que vinha em sua direção. Caminhava devagar à beira-mar. Quando sentou-se ao lado de Bernardo na areia grossa da praia de Santo Antônio de Lisboa, ficaram em silêncio olhando para as estrelas, como sempre faziam quando iam pescar de madrugada.

— Que lindo, Bernardo! As estrelas brilham tanto que... — Vinícius falou, mas foi interrompido pelo amigo, que o corrigiu:

— As estrelas não brilham, Vinícius, elas cintilam ...

Clara olhou-se no espelho.

A ingênua moça que trabalhava na loja de tecidos durante a semana e no Miramar aos domingos havia se transformado em uma mulher madura e mãe de um menino com quase dois anos.

Não compreendia bem o que se passava no seu interior, tudo aconteceu tão rápido! Ainda alguns dias atrás, vivia em seu quarto no cortiço. Acordava de madrugada para desejar uma boa pescaria para o irmão e Bernardo, com o qual namorava.

Pareceu-lhe que o seu mundo havia mudado rápido demais e que não tinha havido tempo para compreender as consequências. Ainda não havia reparado que tinha voltado a rir dos comentários de André. Não se dera conta de ter admirado a sua beleza, quando o viu com roupas de pescador e chapéu de palha na cabeça.

Porém, ela ainda se sentia uma estranha em sua presença. Achou curioso o fato de duas pessoas serem tão íntimas durante um relacionamento, para um dia no futuro, ao se reencontrarem refeitos numa nova relação, parecer que perderam toda a intimidade que um dia tiveram. Em vez de um abraço apertado ou um beijo, estendeu a mão cordialmente, friamente. Conversam sobre o tempo e a política, evitando assim assuntos mais íntimos.

"Pois foi assim que senti ao reencontrar André...", pensou Clara, sentando-se na beirada da cama.

"Estendi a mão para ele, como se cumprimentasse o gerente do banco. Faltou assunto quando ficamos a sós. Não havia mais intimidade, ele se tornou um estranho. Por que Bernardo o procurou? Eu não entendo!", ela pensou, afastando o cabelo que caía nos seus olhos.

"Eu havia superado todo o drama de ter sido abandonada grávida", Clara refletiu, "tinha me conformado com a sua ausência e certa de que ele nunca mais retornaria."

Comoveu-se ao lembrar de Bernardo surgindo no cartório para registrar Pedro, elegante no terno que pediu emprestado a um amigo.

Clara se levantou e se debruçou na janela. Estava já escuro, e a noite era sempre linda! Fazia um pouco de frio, e o sereno da noite era bom quando se sabia apreciá-lo. As folhas tremulavam nas copas das árvores. O vento sul espalhava as que se desprendiam e tombavam no gramado. Vinha do mar o bramido das ondas rompendo contra as pedras. Os sons noturnos se intensificaram. Natanael tinha acendido uma candeia que iluminava o pequeno jardim com sua luz morna.

Havia um perfume de jasmim no ar.

※

A festa na palhoça de dona Cândida estava animada com a viola de um dos pescadores, o Senhor Lupércio, e todos estavam alegres. Uma moça, filha de dona Cândida, pareceu ter gostado de Bernardo. Quando ela se aproximou, ele fingiu um bocejo. Desculpou-se dizendo que havia acordado muito cedo naquele dia. Então aproveitou que todos estavam distraídos e saiu de mansinho, sem que ninguém percebesse. Foi dar um passeio, pois a noite estava linda.

Caminhou até um penhasco, deitou-se na relva e olhou para as amadas estrelas.

Bernardo esticou o braço como se desejasse tocá-las.

Surpreendeu-se ao ouvir alguém se aproximando, que se deitou ao seu lado.

Era André.

Ficaram em silêncio, observando as estrelas. A grama estava molhada de sereno, mas os dois rapazes não se importaram. De longe, vinha o som da viola do senhor Lupércio animando os pescadores que, felizes, comemoravam o farto quinhão da pesca de arrasto. Na praia, a espuma branca que as ondas produziam ao se quebrar na arrebentação eram como que azuladas. O vento frio não incomodava, nada parecia incomodá-los. Embora se conhecessem fazia pouco tempo, Bernardo e André se sentiam bem na companhia um do outro. Parecia que já se conheciam havia muito tempo.

Foi André quem quebrou o silêncio.

Contou-lhe de como parecia conhecer Bernardo de algum lugar.

— Já teve essa sensação? — perguntou. — Essa sensação estranha de já ter conhecido uma pessoa? Que aquela não era a primeira vez que a encontrava? Pois foi como me senti ao conhecê-lo, Bernardo.

André fixou os olhos tranquilos no amigo deitado ao seu lado. Bernardo não respondeu à pergunta, mas tocou de leve no seu braço, apontando para uma encantadora visão: um enxame de pirilampos[19] lampejavam na escuridão da noite, emitindo uma luz esverdeada.

Encantados com a luminescência dos vaga-lumes, continuaram em silêncio.

André pensou na solidão de Clara e nas dificuldades que deve ter passado, pensou no seu filho, que aprendeu a amar. Não conseguia mais imaginar sua vida sem a presença daquela criança.

E olhou para aquele homem ao seu lado que ainda se encantava com os vaga-lumes.

---

19. Nota da editora: Insetos que apresentam órgãos fosforescentes localizados na parte inferior dos segmentos abdominais.

"Ele pensa que eu não sei", pensou André, "pensa que eu não sei quem registrou o meu filho. Florianópolis é uma cidade muito pequena. Foi fácil descobrir toda a verdade."

André sentiu-se confuso, pois o que sentia era um misto de gratidão com desconfiança. Seria eternamente grato com aquele que amparou Clara e o filho. Nutria, porém, uma desconfiança, pois era difícil de conceber a ideia de que Bernardo pudesse abrir mão de seu amor por Clara em favor dele.

"Por quê?", pensou, "por que alguém renunciaria ao seu amor em prol de uma outra pessoa? Que abnegação era esta?"

Como se ouvisse os pensamentos de André, Bernardo desviou o seu olhar do enxame de pirilampos e fitou o amigo ao seu lado.

"Eu também senti que já o conhecia, antes mesmo de conhecê-lo...", falou, e sua voz era baixa, quase um sussurro.

Bernardo sentou-se, fincou os cotovelos nos joelhos e apoiou o queixo nas mãos.

— André, eu amo a Clara, eu a amo mais do que tudo nesta vida e sufoco em mim o desejo de procurá-la, de beijá-la. Amá-la foi a melhor coisa que me aconteceu nesta vida. Quando a conheci, eu tinha acabado de passar por uma desilusão amorosa, e me apaixonar novamente era a última das minhas prioridades, mas, me apaixonei. Desejei tanto ser amado! Sei que ela gosta muito de mim, mas nunca me amou.

Bernardo suspirou profundamente. André, sentado ao seu lado, não disse nada, apenas escutou.

— Ela foi e é muito grata por eu ter registrado o Pedro. Ela estava se sentindo muito só, e a carência pode confundir muitos sentimentos. Tentei mentir para mim mesmo, relutei em admitir a verdade. Tudo o que eu queria era amar e ser amado. Porque sabe, amar e...

André o interrompeu, rematando a frase:

— Porque amar e ser amado é a melhor coisa do mundo...

André sorriu. Alguns pirilampos ainda sobrevoavam o penhasco, emitindo a sua luz esverdeada. Um deles voou sobre a cabeça de André.

— Estranho você dizer essa frase, tive agora mesmo uma sensação muito forte de ter ouvido você me dizer isso antes, mas quando? Onde? — Bernardo perguntou, tentando se lembrar.

André afastou um inseto com as mãos. De súbito, virou-se para Bernardo e lhe disse:

— Me ajude, por favor, me ajude a recuperá-la!

Tomado por uma emoção que, embora tivesse tentado conter, não conseguiu, André, após um instante, enxugou as lágrimas com a manga da camisa e repetiu:

— Por favor, me ajude...

Bernardo estava de pé e estendeu o braço para que André se levantasse e o abraçou fortemente.

Devia ser tarde, não mais se ouvia a viola do senhor Lupércio e não havia mais os vaga-lumes lampejando na escuridão.

Os dois amigos voltaram para casa, caminhando lado a lado, em silêncio.

27

Na colônia espiritual

Já era tarde e a casa estava silenciosa. Vinícius não voltara para dormir em casa, e Bernardo deduziu que ele deveria estar com a bela mulher que conhecera na festa.

Adormeceu. Após alguns minutos, deixou o corpo físico pelo processo do desdobramento. Durante o sono, os laços que prendem o espírito ao corpo afrouxam-se e o espírito entra em contato com o mundo espiritual.

Ao caminhar pelo jardim, Bernardo sentiu uma paz indescritível, pois a paz que ali reinava refletia o estado mental dos moradores da colônia. Uma onda de perfume acentuou-se à medida que o jovem caminhava pelo parque banhado por uma suave luz. Flores de rara beleza cresciam por todos os lados, e os que por ali passavam não se cansavam de admirá-las. Algumas delas emitiam luzes de um azul sutil, que Bernardo desconhecia.

Na paisagem banhada de luz, Bernardo sentiu-se feliz e confiante; havia algo despertando no seu íntimo, uma tranquilidade apoderou-se do rapaz.

Estava ali reunido um grupo de vinte pessoas. A mais profunda paz envolvia os presentes, que semanalmente assistiam às palestras.

Irmão Petrônio, um dos diretores da colônia espiritual, dirigiu-se aos espíritos provisoriamente libertos do corpo físico pelo sono:

— *Sejam bem-vindos!*

Bernardo reparou como o benfeitor irradiava uma luz lilás, que encantava pela sua claridade serena. Sua fronte emitia intensa luz enquanto fazia uma sentida prece de abertura.

Sereno, o venerando diretor começou a palestra da noite:

— *Filhos, a culpa nos traz sofrimento. O sofrimento vem do remorso que experimentamos quando nos vem a certeza de termos feito mal a alguém. E por que fazemos mal a alguém, por que odiamos? Por que somos cruéis? A nossa natureza é assim, má? Claro que não, meus filhos, claro que não.* — Irmão Petrônio fez uma pequena pausa e prosseguiu: — *Cometemos injustiças, com grandes ou pequenas maldades, porque somos ainda imperfeitos. Essa imperfeição nos leva a desvios de conduta, às quedas. Caímos porque ainda somos frágeis, quase como crianças espirituais. Por isso, Deus nos abençoa com mecanismos de regeneração. Deus não é punitivo nem nos condena ao inferno eterno, sem chance de nos redimir. Ora, onde estaria a bondade de Deus se assim fosse? A bondade está em nos dar uma, duas, três, quatro chances ou quantas chances nos forem necessárias para que nos regeneremos. Para isso, temos o livre-arbítrio.*

Podemos escolher se é isso que realmente queremos. Estou ciente das renúncias e sacrifícios que essa regeneração pede? Pois, meus filhos, não basta pedir perdão. Não basta dizer o quanto você sente muito. O arrependimento é algo mais profundo. Vocês conhecem a etimologia da palavra "arrependimento"? Em grego, a palavra é metanoia. Meta *quer dizer mudança, e* noia *quer dizer mente. Portanto, arrependimento significa uma mudança de mente, de mentalidade. E nenhuma mudança de mentalidade vem sem dor, sem sacrifício. Essa mudança de mentalidade fará com que você mude a visão que tem do mal que fez. Quando se tem uma mudança de mentalidade, mudam-se os conceitos. Você passa a ver coisas que não via antes e as julga diferentemente. Você sabe que errou. Esses novos conceitos de bondade, de justiça, do que é certo ou errado, nos leva a encarar a vida de uma maneira diferente.*

Petrônio calou-se por alguns instantes e então prosseguiu:

— *O arrependimento sincero e profundo, isto é, uma mudança na maneira de ver as coisas, o levará ao próximo passo: a expiação. É preciso sentir o que o outro sentiu quando você o magoou, quando o ofendeu. Sentir na pele o que você causou a uma outra pessoa o leva a criar empatia com o sofrimento humano, sentimento que talvez você não tivesse antes. A empatia o leva ao desejo, profundo e sincero, de que ninguém sofra o que você sofreu. A expiação, como mecanismo de empatia, faz com que as pessoas não queiram infligir ao próximo a dor, pois sabem como machuca. À medida que os espíritos evoluem, cresce neles a consciência do não querer para o outro o que para si foi tão doloroso. Criam-se ali laços afetivos, afeições, paixões e amores. Cria-se a amizade verdadeira, laços que unem pessoas por uma gostar da outra, e quem gosta não quer que o objeto amado sofra.*

Irmão Petrônio olhou para cada um dos espíritos presentes e leu em cada mente o que havia acontecido, por que estavam ali e qual foi o ponto na vida de cada um deles onde houve a queda, o deslize, a fragilidade. O benfeitor sabia que nenhum daqueles espíritos presentes à reunião era perverso, mas eram todos frágeis e, então, prosseguiu com a sua palestra:

— *Somos todos espíritos frágeis e não perversos. Estamos sujeitos à fragilidade porque ainda somos imperfeitos e precisamos ter muito cuidado com o que falamos, com o que fazemos, lemos ou o que pensamos. A fragilidade humana está presente em todos nós, por isso é preciso estar vigilante! Há perigos por toda parte, facilidades, tentações, desejos! Mas quando o espírito, por seu próprio livre-arbítrio, se compromete ao arrependimento, isto é, a uma mudança de mentalidade, é precisamente essa nova mentalidade que o guiará na rota da reparação, pois ele deseja melhorar! Ele tem o desejo de ser uma pessoa melhor, de não desejar mais a dor do remorso. O remorso é a pior dor que se pode sofrer.*

Demonstrando grande serenidade no semblante, irmão Petrônio prosseguiu:

— *Filhos, a etapa final é a reparação. Ela é difícil porque na maioria das vezes não entendemos que estamos nesse estágio, ou não entendemos a importância dessa fase no processo regenerativo. Unir o que você um dia separou, criar quando um dia você destruiu... A reparação tem por finalidade, em linguagem clara, arrumar o que você desarrumou. Um profissional que levou uma pessoa a perder todos os seus bens financeiros terá de ajudar essa mesma pessoa a ganhar bens materiais em uma nova existência. Aquele que tanta tristeza trouxe para uma pessoa terá de trazer felicidade àquela que causou tantos desgostos. Outro que porventura tenha separado um casal o unirá em uma futura reencarnação. São exemplos simples, mas práticos para que todos entendam o processo no qual vocês estão no momento.*

Bernardo tinha os olhos marejados de pranto. Como desejou voltar no tempo, se possível fosse, e desfazer o mal que cometera! Como doeu o remorso! E concordou com o benfeitor que o remorso era de fato a pior dor que um homem poderia sofrer.

Durante o desdobramento, lampejos de consciência de sua reencarnação passada lhe despertavam o remorso, pois neste estado o espírito dispõe de faculdades que estão adormecidas quando em vigília. Bernardo não dispunha ainda de todas as informações e respostas às suas perguntas; porém, compreendia que havia feito mal a André em uma encarnação pretérita, motivo de tanta aflição e remorso.

— *A reparação* — irmão Petrônio disse finalizando a palestra — *se efetua em um processo de sofrimentos, que pode ser longo ou curto, necessário para destruir em nós as causas do mal. Seremos sempre postos em situações nas quais teremos de exercitar o autocontrole. Viveremos experiências nas quais seremos tentados a repetir o mal feito em outras existências. Seremos tentado a cometer o mesmo mal que um dia fizemos.*

Calou-se por um instante e, deitando seu olhar magnânimo nos espíritos presentes, acentuou em um tom humilde:

— *Tudo se resgata e se repara pela dor ou na sublime prática da caridade. Somos todos nós espíritos imperfeitos, e os espíritos sofrem as consequências de suas imperfeições. Pratiquem o autoperdão, tenham doçura e gentileza para com as suas fraquezas. Saibam que a misericórdia de Deus é infinita...*

O benfeitor, nimbado de intensa luz, fez uma breve pausa para, depois, concluir a frase:

— *...mas não é cega. Exercitem o autoperdão sem nunca olvidar da responsabilidade que lhes cabe em reparar o mal que causaram.*

Todos nós respondemos pelos nossos atos, cedo ou tarde, por mais insignificantes que sejam.

Ao terminar com uma prece comovente, Bernardo admirou-se. Uma profunda emoção apoderou-se dele quando viu que do benfeitor luzes irradiavam-se de todo o seu corpo espiritual.

A reunião chegara ao fim. No belo jardim onde se ouviram as palavras do irmão Petrônio, uma luz de um lilás sutil filtrava-se por entre as árvores.

Ao acordar na manhã seguinte, Bernardo se sentiu bem, mas uma estranha sensação tomou conta do seu ser. Estranhou ter sonhado com um velhinho que lhe ensinava o modo correto de pescar. O estranho senhor lhe dizia para não culpar o mar se ele não pescasse nenhum peixe, muito menos culpar a vara ou o anzol.

— Que sonho estranho! Então eu era o único responsável. Cabia a mim aprender a pescar. Cada sonho estranho, meu Deus! — Bernardo pensou, esfregando os olhos, sonolento.

Como fazia todos os dias ao acordar, virou-se para dar bom dia ao amigo, mas Vinícius ainda não tinha voltado para casa. Bernardo esboçou um sorriso maroto, imaginando a cara que o amigo faria quando voltasse.

Bocejou sem cerimônia. Abraçou o travesseiro, e tal gesto lhe deu uma profunda paz, uma alegria mansa. Subitamente, lembrou-se do estranho sonho e do velhinho lhe ensinando como pescar:

"Lembre-se", disse o velho pescador, "é sempre possível corrigir os seus erros. Basta força de vontade! Aprenda a pescar da maneira certa, volte para o mar e tente mais uma vez. Nunca é tarde, há sempre tempo para voltar e fazer a coisa certa".

Espreguiçou-se e bocejou novamente.

"Que sonho esquisito!", ele pensou em voz alta. Agarrado ao travesseiro, veio aquele sono bom, irresistível, e Bernardo voltou a dormir mais um pouquinho.

28

Zé Perri

No café da manhã, todos falavam sobre o sucesso da pesca de arrasto e da festa da dona Cândida. Vinícius voltou para casa ao amanhecer e foi alvo de brincadeiras; mas tímido como sempre manteve-se reservado.

Bernardo teve uma ideia e a compartilhou com todos:

— Que tal irmos dar um passeio de barco? Poderíamos subir até o norte da ilha.

A animação era contagiante, todos estavam eufóricos, falando ao mesmo tempo. Rômulo contou que havia uma praia muito bonita ao norte, não muito longe dali, onde havia uma cachoeira com piscinas naturais.

Dona Ana se comprometeu a olhar Pedro e Toy, o que lhe daria muita alegria. Ela era a cozinheira da casa, uma daquelas boas senhoras que mais parecia ter saído de um conto de fadas. Era um tanto quanto roliça e de vastos quadris. Sorridente e amável, ela era só sorrisos e bondade e falava pelos cotovelos. Enquanto servia o café da manhã, contou a todos que seu marido morava no Campeche e que estava ganhando um dinheirinho extra. Seria bom, principalmente agora que o filho mais velho pensava em se casar.

Havia ali na Praia do Campeche um campo de pouso de aeronaves construída pelos franceses, pois a rota Buenos Aires—Paris era muito longa e portanto os aviões precisavam reabastecer e os pilotos podiam assim descansar. Os habitantes da pacata e remota Praia do Campeche puderam assim ganhar uns trocados.

Senhor Mário, marido de dona Ana, tinha o trabalho de acender os lampiões num morro próximo à pista de pouso para evitar acidentes em voos noturnos. Os moradores até apelidaram o morro de Morro do Lampião. Os amigos de Mário ajudavam em tudo o que os franceses precisavam, inclusive correr de um lado para outro com as lamparinas na pista em dias de neblina.

— Que responsabilidade! — disse dona Ana, enquanto esquentava o leite. — Já imaginaram que perigo! Os aviões passavam muito perto dos pobres pescadores segurando os lampiões, como se fossem estranhos castiçais humanos!

A cozinheira tirou um bolo que acabara de assar do forno. Contou a todos que, às vezes, no Campeche, um piloto francês muito educado, que trabalhava na companhia aérea Latècoére, aterrissava para abastecer e descansar. Ele era por demais engraçado.

— Ele deve ter os seus 27 anos e é muito gentil com todos, sempre falando *"merci, merci"*, que todos pensavam ser o nome dele. E muitos dos pescadores, ao ver o francês, o chamava pelo nome, seu Merci! E perguntavam quando o encontravam:

— Tudo bem, seu Merci? Precisa de alguma coisa, seu Merci? — falou dona Ana fazendo biquinho com a boca e trejeitos delicados com as mãos. Em seguida, deu uma gargalhada contagiante.

Todos riram e André comentou:

— Ele deve ter achado os pescadores muito gentis, muito educados, dizendo *"merci, merci"* o tempo todo!

A cozinheira não parava de falar. Com seu jeito simples, era prazeroso ouvi-la contar sobre o tal do francês. Após servir o bolo e coar mais um pouco de café, disse:

— Com o tempo, descobriram que o nome dele não era Merci, mas sim Saint-Exupéry. Os pescadores bem que tentaram pronunciar o nome do moço, mas foi impossível. Então, o melhor amigo do tal francês lá no Campeche, o Deca, para simplificar, o chamou de Zé; de Zé Perri.

E assim Saint-Exupéry ficou conhecido em Campeche e em toda Florianópolis como Zé Perri. Ele adorava pescar e dançar. Frequentava os bailes do Lira Tênis Clube e era um galanteador! Típico francês, com seu charme e uniforme de aviador.

Dona Ana disse que o conheceu um dia. A única palavra em português que o Zé Perri sabia dizer era "obrigado", pronunciada com um forte sotaque francês.

Bernardo ficou imaginando aquela gente simples do Campeche convivendo com o tal francês que nem português falava! E comentou com todos:

— Já imaginou como ele se comunicava, como trocavam impressões sobre o mar, a pesca e a vida? Que maravilha! E os homens segurando os lampiões na pista de pouso; sentindo frio na barriga, pois aquelas aeronaves passavam bem pertinho deles!

Embora Bernardo estivesse contando algo que levou todos ao riso, Clara não prestou atenção. Observava como Vinícius e Rômulo abraçavam dona Ana e a beijavam como se ela fosse a avó querida, pois a bondosa senhora causava essa impressão nas pessoas.

"Algumas almas são maternais, no sentido espiritual da palavra", pensou Clara, testemunhando a reação que dona Ana estava causando nos rapazes. Estava no âmago da pessoa, parte integrante e inseparável do seu ser. Causava essa atração irresistível nas pessoas que se sentiam solitárias, carentes ou simplesmente sedentas de um calor humano.

Ela segurou a xícara de café e soprou a fumaça. Sorriu quando o irmão Vinícius beijou a senhora na bochecha, pedindo mais café com leite. Pronunciou com um tom infantil, o que chamou sua atenção. Clara sabia que Vinícius sentia muito a falta da mãe, que, depois da morte do marido, foi morar com uma das irmãs no interior do estado. Lembrou-se de como o irmão era ainda jovem quando ela partiu. À noite, ouvira o irmão chorando no escuro inúmeras vezes, com saudades.

"Estas pessoas, como dona Ana", Clara pensou, "são maternais e despertam nas pessoas carentes o desejo de sua companhia, dos seus carinhos."

O toque de Bernardo no seu braço a despertou dos seus pensamentos, comentando que nunca tinha visto uma mesa de café da manhã tão farta.

Rômulo enlaçou a cozinheira pela cintura e, beijando-a, disse a todos:

— Palmas para dona Ana! Ela merece!

Todos aplaudiram e Vinícius voltou a beijá-la. Clara tinha os olhos úmidos.

Pessoas, como a bondosa cozinheira, sentiam quando alguém queria carinho, sabiam quando precisavam de colo de mãe. Não era preciso que lhes pedissem ou falassem nada, pois pessoas como dona Ana entendiam por uma outra língua, a língua do amor.

Ela entendia como o francês se comunicava com os pescadores no Campeche. Compreendia, pois existia uma linguagem universal que todos falavam e entendiam. Não precisavam de palavras, verbos ou substantivos. Era a linguagem do amor, do afeto mútuo, a linguagem dos humanos em sua mais profunda manifestação de cooperação e fraternidade.

Zé Perri falava de coisas profundas e belas com seu Deca sem falar português, e seu Deca, sem falar francês. O francês dizia que "o essencial era invisível aos olhos".[20] Juntos, falavam sobre a bondade de Deus, da beleza que era aquele mar vastíssimo. Conversavam sobre o tempo, sobre o amor e a amizade. A delícia que era comer um peixe, a beleza das mulheres de Florianópolis. Deca lhe contava sobre suas mágoas e sonhos.

Zé Perri então colocava sua mão no ombro do amigo, e pronto! A comunicação estava feita.

Foi assim que Saint-Exupéry se comunicava com os pescadores do Campeche.

---

20. Nota do autor: Saint-Exupéry, autor do livro *O pequeno príncipe*.

❧

 Bernardo e Vinícius lançaram a canoa ao mar, e Vinícius subiu ao barco com destreza, estendendo o braço para puxar Bernardo para cima da canoa, onde já se encontrava. Para o encanto de todos, uma surpresa! Ana havia preparado uma cesta cheia de guloseimas.

 Vera e Rômulo abriram a cesta e se admiraram com o que a boa senhora havia preparado.

 O vento estava forte. Bernardo tinha içado a vela e o barco movimentou-se rápido, com a água estalando de encontro ao casco.

 Vinícius avistou a praia se distanciando aos poucos e viu Clara e André acenando aflitos.

 — Por que não esperaram por nós? Podiam ter esperado mais um pouco! — Clara gritou, inconformada por não terem esperado por ela e André.

 Bernardo gritou:

 — O vento está forte demais, não consigo voltar para a praia!

 Vinícius ia corrigir o amigo, pois era evidente que poderiam voltar, mas ante o olhar de Bernardo, calou-se.

 Inconformada com o descaso dos amigos, Clara queria voltar para casa e ficar com Pedro, mas André insistiu em levá-la para passear, pois o dia estava lindo!

 — Dona Ana vai cuidar muitíssimo bem do nosso filho, não se preocupe. Vamos? — ele perguntou.

 Enquanto Clara ainda não se conformava com o que havia acontecido, André pensava em Bernardo, pois sabia que ele tinha planejado tudo, detalhe por detalhe, pois contara-lhe que a canoa estava a leste da praia, enquanto estava ao norte. Por isso eles chegaram atrasados. Bernardo havia planejado tudo!

Clara, após relutar por alguns minutos, acabou cedendo e aceitou dar um passeio com André. Andavam os dois lado a lado, comentando sobre como o tempo havia esfriado, mas logo o silêncio se sucedeu entre eles, entrecortado por ligeiros e tolos comentários. Era sempre desconcertante resgatar uma intimidade perdida.

Caminharam calados, andando pelo centro do pequeno distrito, quando chegaram à Igreja Nossa Senhora das Necessidades.

Clara pareceu encantada. Seus olhos encheram-se de lágrimas e, sem saber por que, uma forte emoção apoderou-se dela. Não sabia o que estava acontecendo, não entendia o motivo de ter se emocionado e viu que André sentiu o mesmo. Ele tocou o muro baixo do adro ao redor da igreja, elevou o olhar e avistou o óculo no centro da fachada simples da igreja. Assim como Clara, não soube explicar o motivo da emoção.

— Deve ser porque a igreja é realmente muito bonita. Deve ser por isso — comentou com a moça, enxugando as lágrimas com o dorso da mão.

Após ambos terem sentado em um banco da praça defronte à igreja, ela perguntou:

— O tempo é um conceito muito estranho, não é mesmo? — E prosseguiu com o seu comentário: — Esta igreja foi construída na época da imigração açoriana pela dona Claramancia, eu li sobre o assunto uma vez. No jornal, escreveram que todos os casais açorianos se casavam nesta igreja, mesmo os que não moravam em Santo Antônio de Lisboa. Era o sonho de toda moça casar-se com o seu amado nesta igreja — e Clara virou-se para olhar para André —, o sonho do casamento!

— Clara, eu.... — André disse, sentindo o peito arfar de emoção — eu a amo!

Ele estendeu sua mão para tocar na dela, porém a moça encolheu o braço bruscamente, levantando-se num sobressalto. Cravou em André o olhar aflito.

— Eu não posso! — ela disse, em pranto. Sentou-se novamente no banco, recostando a cabeça no espaldar. Avistou o céu. Era de um azul indefinível. Por alguns instantes, tentou descobrir que tom de azul era aquele.

Ele a fitava com seus olhos úmidos, mas o medo de se apegar a apavorava, pois associava o apego a dor.

"Apegar-se a alguém é quase como pular de trapézio sem rede de proteção", ela pensava, olhando para o céu, ainda sem saber que tom de azul era aquele, "um grande risco. Estranho, esse tal de apego. Nós conhecemos alguém, seja um amigo ou um amado. Gostamos dessa pessoa, e esse gostar passa a ser tão importante para nós quanto respirar! E descobrimos assim, quase que assombrados, que não podemos mais viver sem essas pessoas!"

Sentia a mão de André a acariciando. Ele estava calado, não usava a língua dos homens para falar o quanto amava Clara. Como os franceses e os pescadores do Campeche, o jovem falava com a linguagem do amor. Eram os pequenos gestos e olhares expressivos. O toque, as mãos no ombro. Clara entendeu o que André lhe falava.

Do mar vinham a maresia estonteante e o bramido das ondas. Na praça, ouviu-se um bando de pássaros nas copas das árvores gorjeando alegremente. Um senhor cruzou o jardim, pisando nas folhas secas que estalavam sob os seus pés, enquanto não muito longe dali, um grupo de crianças brincava de roda. Um cachorrinho dava voltas e voltas perseguindo o próprio rabo.

De onde estavam, viram uma senhora que colheu com as mãos em concha a água fresca de uma bica.

André acompanhou com o olhar um pássaro que cruzou a praça em um voo raso e veloz e então perguntou:

— Clara, como posso me redimir? Como posso lhe pedir perdão? Como reparar o mal que fiz? Pela expiação, pela dor?

— André ... — Clara dizia, enquanto ele insistia em lhe segurar as mãos.

— Eu a amo, minha linda. Sim, eu fui fraco, eu a troquei por dinheiro, fui um crápula, um desalmado! Admito, Clara. Tive medo de perder a herança... — e a voz fraquejou, pois André não conseguiu conter o choro.

Ela então viu como se formaram as lágrimas nos olhos dele. Eram pequenas gotinhas, quase como gotas de orvalho. Essas gotinhas se juntaram a outras gotinhas e, de tão grande, tornaram-se uma enorme gota, que não coube mais no olho. Então, como quando alguém enche demais um balde, as lágrimas transbordaram. A grande gota desprendeu-se do olho e caiu como cai uma queda d'agua. Era como um pequeno riacho que tinha o seu curso d'água, que descia pela face do rapaz. Era o destino das lágrimas. Notou uma gota que ficou presa a um dos cílios. Era a gota que não queria chorar, pois ela parecia se negar a cumprir seu destino como lágrima. Clara reparou quando uma outra, talvez a mais tímida delas, preferiu se prender ao lábio superior de André, e lá se agarrou com tanta força que só a mão do rapaz foi capaz de enxugar, em um dos mais tristes gestos do ser humano: o de enxugar as lágrimas com o dorso da mão.

Clara olhou para aquele que dizia que a amava, o pai do seu filho.

"Calma", pensava ela, "vá com calma. E se aceitasse? E se dissesse sim, sim, sim! Eu quero! Eu o amo! Que força isso teria? Que engrenagem era essa que se movimentaria com o meu sim? Mas e Bernardo? Será que confundi tudo, será? Será que foi realmente amor com André e paixão com Bernardo, e não o contrário como eu pensei?"

Clara sentia que tinha de dar uma chance àquele homem, uma chance ao amor, mesmo porque esse era o seu desejo.

E da forma como Zé Perri e o amigo Deca se entendiam, André soube que Clara o havia perdoado pela mão dela, que o tocou, e pelo sorriso estampado no seu rosto.

Ele a tomou nos braços, rodopiando-a no ar, gritando inúmeras vezes: "Eu te amo!"

Clara vergou a cabeça para trás numa risada.

— Eu te amo! — gritou ela, ainda suspensa no ar.

Então descobriu o tom de azul do céu de Santo Antônio de Lisboa: tom azul cerúleo.

29
Voltando para casa

Clara abriu a janela e um raio de sol varou o quarto sem pedir licença.

Florianópolis era a mesma pacata e interiorana cidade de sempre para a sua surpresa.

"Quem", ela se perguntou, "poderia imaginar o caos e o terror de que esta cidade foi vítima há pouco menos de um mês? Quem poderia reconhecer, nas suas ruas tranquilas e limpas, aqueles moradores amedrontados, correndo de um lado para outro? Quantas lágrimas em vão, quanta dor!"

Já haviam devolvido o piso de madeira para a amada Ponte Hercílio Luz, e os últimos vestígios da ocupação militar da ilha foram retirados, embora tivessem ficado os resquícios, como ficam as poças de água depois da chuva. Ainda se viam alguns lenços vermelhos, como eram conhecidos os soldados gaúchos, circulando pelo centro da cidade.

Clara debruçou-se na janela, de onde se podia ver um pedacinho do mar. Voltaram todos para Florianópolis quando ouviram falar que era seguro retornar, pois um senhor, amigo de Natanael, lhes contara que o comércio havia reaberto as portas e as escolas haviam reiniciado as aulas. A vida continuava na pequena e bucólica cidade.

Desviou o olhar para a sua esquerda, de onde se podiam avistar garapuvus colorindo de amarelo o verde dos morros. Reparou como eram majestosos os seus troncos. As copas eram altas e abertas, proporcionando pouca sombra, mas repletas de cachos de flores amarelo-ouro. De outubro a dezembro, os garapuvus cobriam toda a cidade de Florianópolis de amarelo.

Clara sentiu a mão tremer quando acendeu um fósforo para esquentar a água. André estava morando no cortiço! Ao retornar para Florianópolis, ele procurou os pais para lhes contar sobre Clara e o filho, mas negaram qualquer ajuda financeira e o expulsaram de casa.

No silêncio da manhã, ouviu-se o murmúrio da água que fervia. Ao coar o café, ela se lembrou de como ele voltou tristonho para o cortiço, carregando uma pequena mala e o cachorrinho Toy nos braços. Tinha nos olhos a mais profunda tristeza. Ele apertou entre as mãos a cabeça que doía, sufocando um grito, mas cedeu às lágrimas. Recostou a cabeça no ombro dela e chorou.

O chiado da água fervendo na chaleira despertou Clara de suas lembranças e ela enxugou as lágrimas na barra do avental.

André voltou para o quarto. Tinha nas mãos uma toalha e esboçou um sorriso ao dizer:

— Meia hora na fila para tomar um banho! É sempre assim, meu amor?

— Nem sempre, claro que não — ela respondeu em um tom jocoso para descontraí-lo —, às vezes vinte e cinco minutos!

Ele achou graça no comentário de Clara e caiu na risada. Enquanto ela coava o café, ele veio por detrás e colocou as mãos em seu ombro.

— Assim que eu arrumar um emprego, a gente se muda daqui. Eu lhe prometo.

Sentou-se na pequena mesa. Fixou o olhar no café fumegante e fez um gesto que Clara achou encantador, pois André tinha o hábito de aproximar o rosto da xícara e soprar a fumaça, para então dar um longo suspiro de satisfação.

Em seguida, cravou os olhos preocupados na moça e perguntou:

— Clara, o que iremos fazer? Como iremos pagar o aluguel? Preciso arrumar um emprego!

Preocupada, ela esticou o braço por sobre a mesa e tocou a sua mão. E então ouviu o rapaz lhe confidenciar em um tom tristonho:

— Clara, preciso trabalhar, mas a única coisa que sei fazer é velejar e jogar tênis! — e apesar de sorrir com o comentário, seus olhos turvaram-se de lágrimas ante a constatação de que nada sabia fazer. Não tinha uma profissão. Nunca precisou se preocupar em aprender um ofício, pois herdaria a fábrica da família.

Em um tom confidencial, e de extrema humilhação, contou a Clara que foi caminhar pelo trapiche Miramar no dia anterior. Ao avistar o restaurante, bateu um desejo irresistível de rever os amigos e prosear, mas não tinha um tostão sequer no bolso.

Ao contar para Clara sobre a surpresa de apalpar os bolsos em busca de uma moeda e nada encontrar, apertou os olhos cheio de lágrimas.

— Então — ele prosseguiu — avistei as crianças que costumam nadar nas águas rasas ao redor do trapiche em busca das moedas atiradas. Tive de me conter para não mergulhar com as crianças e eu mesmo procurar algumas moedas...

André sufocou as lágrimas dentro do peito, não queria entristecer Clara. Ela o fitava com olhos enternecidos, compreendendo a dor do amado.

Ele então arrancou o miolo do pão e amassou-o nos dedos.

— Quer mais um pouco de café, meu amor? — ela perguntou, tocando no bule com o dorso da mão. Ainda estava quente.

— Sim, obrigado — André respondeu, fitando a moça com os olhos tristes.

Aprumou-se na cadeira, enquanto ela lhe servia o café, agradeceu e repetiu o gesto que lhe era característico, aproximou o rosto da xícara e então soprou a fumaça.

Em seguida, recostou a cabeça no ombro de Clara e ouviu sua doce voz:

— Vai dar tudo certo, meu amor. Tenha fé!

30
Tempestades

Após a invasão das tropas de Getúlio Vargas, Santa Catarina teve Ptolomeu de Assis Brasil como seu interventor federal, que nada fez para a cidade que governou até 1932.

Após o surto desenvolvimentista e modernização urbana iniciado com a construção da Ponte Hercílio Luz, a cidade de Florianópolis se viu paralisada. Os gravíssimos problemas da capital, como falta de saneamento, luz e água, foram ignorados pelos interventores. A população sofria as consequências e, cada vez mais, lotavam o Hospital de Caridade e ocupavam novos morros da cidade.

O índice de analfabetismo era tão alto e o descaso com a educação pública tão grande que a professora Antonieta de Barros iniciou uma campanha, por meio dos jornais, a favor da educação pública. Escreveu sobre a importância de criar bolsas de estudo para alunos carentes e critérios mais rigorosos quanto à admissão de novos professores.

Foi nesse período de marasmo e de grave crise econômica que André procurou um emprego. Não obstante a crise que afetou todos os trabalhadores, André não tinha uma profissão. Era fundamental que aprendesse um ofício para que arrumasse algum trabalho.

Certo dia, estava muito tristonho à beira-mar, quando Bernardo aproximou-se e disse:

— Você precisa aprender algum trabalho, algum ofício. Eu vou lhe ensinar a pescar.

Assim, todas as tardes depois que retornava da pescaria com Vinícius, Bernardo lançava a sua canoa ao mar para ensinar uma profissão a André. Embora exausto e com o corpo dolorido, estendia o braço para ajudá-lo a subir ao barco e, com seus braços fortes, remava rumo ao alto-mar.

Com muita paciência, Bernardo ensinou que a parte dianteira de um barco chamava-se proa e a traseira era a popa. Apontando para o lado esquerdo, ensinou que ali era o bombordo e, ao apontar para a direita, chamou-a de boroeste. O chão de um barco se chamava convés e as paredes eram as anteparas.

André sabia dos termos, pois fora capitão do seu time de remo por anos. Portanto, as denominações que Bernando lhe ensinava não eram desconhecidas; mas uma coisa curiosa aconteceu. Na nova fase de sua vida, pareceu-lhe que ouvia tais nomes pela primeira vez, pois a proa tornou-se algo mais do que simplesmente a parte dianteira do barco. Com a mansa e quase sussurrante voz de Bernardo, convés tinha outro significado. Assim como para um faminto, a palavra pão ganhava outra conotação.

Desse modo, despertou no rapaz grande interesse pela pescaria. Curioso, fez inúmeras perguntas a Bernardo. Admirou a pequena canoa, batizada com o nome de Clara. Ela era toda pintada de azul e branco, as bordas de vermelho e as anteparas, de azul-claro.

Naquela quarta-feira, o dia estava muito bonito, o céu estava claro e brilhante. Ondas batiam de encontro ao casco à medida que Bernardo remava para longe da praia. O meneio do barco era suave, o que trouxe tranquilidade para ambos.

Bernardo, com sua voz calma e baixa, explicava sobre varas, anzóis e redes. Falou que a melhor isca era o miolo de pão e algas verdes. Apontando com um dos braços, contou-lhe que naquelas águas entre junho e outubro apareciam grandes olhetes e enormes cardumes de enchovas. Com um sorriso, pediu para André não ter muita esperança em pescar os enormes olhetes, porém lhe assegurou que o mar estava repleto de peixes de médio porte, como corvinas, linguados e robalo.

André reparou como ele era parecido com os antigos imigrantes açorianos, pois estudara sobre eles. A mesma tranquilidade no falar, os gestos lentos e a curiosa e engraçada mania de trocar o "v" pela letra "b", como em "trabesseiro" ou "bassoura".

André pescou seu primeiro peixe após uma hora de ensino teórico e prático. A suprema e profunda felicidade que sentiu ao pescar um robalo foi indescritível. Inclinou-se de uma extremidade do barco até a outra para abraçar Bernardo, que reparou que André tinha os olhos marejados de emoção.

Ele se levantou e exibiu o peixe, elevando-o ao alto.

— Meu primeiro peixe! Eu sei pescar! — gritava no alto-mar, tão longe que nem se gritassem bem alto alguém os ouviria. Nem os sinos da catedral podiam ser ouvidos de tal distância.

Quando voltou a se sentar na proa da canoa, colocou o peixe dentro de uma cesta e então pousou as mãos sobre os joelhos.

Bernardo reparou no gesto. Seus braços doíam por ter remado tão distante da praia. Transpirava e grossas gotas de suor desciam-lhe pelo pescoço. Contudo, André aparentava estar descansado, nem uma gota de suor em seu rosto.

Bernardo tinha um dos remos em suas mãos. Apertou-o com força, sentindo a madeira fria da haste.

— Já teve esta estranha sensação, Bernardo — perguntou André, cruzando as mãos sob a nuca —, de já ter conhecido uma pessoa, de aquela não ser a primeira vez que a encontra? Pois foi como me senti ao conhecer Clara. Ela me confidenciou ter sentido o mesmo em relação a mim. Curioso, não é mesmo?

Após uma pequena pausa, André confidenciou que Clara gostava de sentir o arfar do seu peito junto ao dela. E sorriu, pois lembrou-se de um detalhe.

— Ela gosta de escutar as batidas do meu coração...

Bernardo agarrou um dos remos com tanta firmeza que os nós dos seus dedos embranqueceram. A pá na ponta do remo emergiu das águas, ameaçadora.

— Ela pousa a cabeça no meu peito e fica ali um tempão desvendando os mistérios do meu coração — André disse, rindo do próprio comentário.

"Não é justo", pensou Bernardo, "porque eu tenho de renunciar ao meu amor por Clara? Por que tenho de abrir mão da minha felicidade? Não é justo!"

Pensamentos soturnos apoderaram-se do rapaz. A madeira úmida do remo em suas mãos esfregava-se com força contra a sua pele. Os braços ainda doíam. Transpirava. Seus dedos deslizaram pelo remo, sentindo a firmeza da haste. Apertou-o com firmeza em sua mão.

Bernardo cravou o olhar em André.

O moço, alegre como uma criança por ter pescado seu primeiro peixe, sorria e parecia contente. Tirou o robalo de dentro do cesto e o segurou em suas mãos. Olhou para o amigo com os olhos úmidos e lhe confidenciou:

— Bernardo, saiba que pela primeira vez na vida sou um homem feliz. Nunca soube o que era a felicidade de fato.

Bernardo reparou em como André segurava o peixe. Em certo momento, o robalo escorregou de sua mão e, por pouco, não pulou de volta ao mar. Notou então como o pai de Pedro ria como uma criança, tentando agarrar o peixe. Testemunhou um momento que o tocou, profundamente.

Após colocar o peixe de volta ao cesto, André aproximou-se de Bernardo e, com os olhos marejados, confidenciou que tivera muito medo de não pescar nenhum peixe, pois andava se sentindo muito despreparado para a vida. Contou-lhe baixinho, em um tom confidencial, que pensou em desistir da pescaria.

André desatou a chorar. Para Bernardo, nunca foi fácil presenciar o choro, a fragilidade do ser humano o desconcertava. Ele se condoeu de André, pois houve no choro sentido do amigo uma grande humildade. O homem que se debulhava em lágrimas era uma criatura frágil e, com certo receio, deixou que ele o abraçasse.

Em seguida, Bernardo olhou para aquele rapaz com atenção. Não lhe desejou mal. Sentiu uma profunda ternura por aquele que chorava no seu ombro. Unido por um laço estreito de profunda fraternidade e solidariedade, Bernardo lhe desejou o bem.

Só o amor seria forte o suficiente para quebrar essa corrente cármica. A centelha divina dentro do rapaz ardia em alta chama, pois era o que falava o seu coração. Era disso que ele tanto carecia. Sentiu um grande afeto para com aquele à sua frente.

Ainda tinha um dos remos na mão. O toque da madeira úmida do remo passou a lhe causar asco. Desprendeu-se dele como se desatasse uma amarra que o prendia à haste de madeira, que caiu no convés do barco. Sentiu o mais profundo alívio, pois era dolorido aquele peso em suas mãos.

Admitiu para si mesmo que desde sempre soube que entre ele e André estabelecera-se um vínculo de amizade que nunca soube explicar. Desejou abraçá-lo. Cresceu nele a vontade de dissipar de vez toda a agonia, todo o desassossego que havia muito sentia. A maturidade lhe trouxe novos valores e o despertar para a realidade de si mesmo.

Pareceu-lhe ouvir Jesus a lhe perguntar:

— Que buscais?

Buscava a paz, era o que Bernardo mais queria. Com lampejos de intuição, sentiu que ela lhe escapara um dia por entre os dedos, mas que, aos poucos, a conquistava.

Lembrou-se do sonho com o pescador. Ele havia lhe assegurado que era sempre possível corrigir os erros. Bastava força de vontade! Pediu para que aprendesse a pescar da maneira certa e que voltasse para o mar a fim de tentar uma vez mais.

"Nunca é tarde. Há sempre tempo para voltar e fazer a coisa certa", Bernardo pensou, recordando as palavras do pescador no sonho que teve.

André voltou a se sentar na proa do barco. Enxugou as lágrimas com a manga da camisa. Pousou seus olhos ainda úmidos no amigo e lhe confidenciou:

— Sabe, Bernardo, amar, seja uma mulher ou um amigo, é um fazer bem ao outro — e mesmo tímido, André falou o que sentia: — És um grande amigo. E, sabe, você me faz muito bem.

E mais uma vez retirou o peixe do cesto e o segurou entre as mãos, examinando seus detalhes, admirando a sua beleza. Arriscou um olhar para o amigo, e o seu desejo mais profundo era agradecer-lhe, mas apenas sorriu com ternura, pois foi a forma que achou para mostrar sua gratidão.

Bernardo, comovido, compreendeu que era o amor, esse sol interior, que empreendia tamanha transformação, a grande e alta chama de sua centelha divina a brilhar dentro de si.

Era o amor que unia as almas, na sabedoria de todas as coisas. Pela suprema inteligência de Deus, somos todos interdependentes.

"Somos dependentes um do outro, muito mais do que pensamos", Bernardo pensou, ainda admirando o modo como André segurava o peixe nas mãos. "Compreendo agora os laços, embora não saiba dos acontecimentos e vínculos que nos unem. Não é importante. É melhor assim, pois Deus soube muito bem a razão, porque é melhor que não saibamos dos detalhes. Ele tem boas razões para assim proceder."

O conhecimento da verdade era libertador. Bernardo sentiu-se leve, seu coração parecia estar aquecido por bons pensamentos, e então falou, igualmente tímido, o que o seu coração sentia:

— Você também me faz muito bem.

As ondas quebravam e batiam de encontro ao flanco do barco. Bernardo esticou o braço para fora da embarcação e tocou a água fria, para então mergulhar as mãos. Vergou a cabeça para trás e, com os olhos fechados, sentiu o vento a lhe acariciar o rosto.

"O que buscais? Ó Deus, eu busco a transformação moral. Cabe a mim querer ser uma pessoa melhor. Está em minhas mãos o desejo de domar as minhas más inclinações. E, ó Deus, como quero!", ele pensou, comovido.

Pareceu-lhe que a paz que sentia era um sinal de que estava no caminho certo. Pela soma de amor acumulada no seu ser poderia avaliar o caminho que tinha andado até Deus. Desejou ardentemente que tivesse acumulado muito amor.

Admitiu para si mesmo o quanto desejava que André fosse feliz. Sentiu um desejo irresistível de lhe dizer o quanto o amava, mas nada disse.

O tempo estava mudando. Nuvens escuras anunciavam chuva. A temperatura havia caído. Ondas fortes chacoalharam o barco.

— É melhor voltarmos, André. O tempo está mudando rápido demais! — disse Bernardo, tomando os remos nas mãos.

Ventos fortes sacudiram a pequena canoa. Levantou-se uma tempestade que se armou rapidamente. O céu se tornou escuro e sombrio.

Uma frente fria deslocou-se subitamente e com forte intensidade para o estado de Santa Catarina, provocando uma brusca mudança no tempo, trazendo rajadas de vento de até 90 quilômetros por hora.

Uma forte borrasca atingiu a ilha, destelhando casas e derrubando árvores e ainda arrastou uma das guaritas da polícia na Praça XV. O mau tempo, com ventania e mar agitado, paralisou o transporte das lanchas que cruzavam o estreito. Algumas delas se chocaram contra o cais, e um barco de pescador foi violentamente arremessado contra as pedras.

A tormenta arrastou pequenas embarcações e alguns barcos ficaram à deriva. Ondas de até três metros danificaram o trapiche da Praia do Muller e a maré alta provocou alagamentos no centro de Florianópolis.

André ajudou Bernardo a remar e trazer o barco para a costa, embora o mar estivesse tempestuoso. O vento forte os puxava em direção contrária à margem. O mar, de incomparável violência e fúria, era assustador. A arrebentação violenta das ondas inundara todo o convés da canoa.

Foi quando um vagalhão violento envolveu André, arremessando o seu corpo para fora do barco. Desesperado, tentou nadar de volta, mas uma série de ondas engoliram-no.

Bernardo desesperou-se. Tentou avistar o amigo nas águas revoltas, mas a visibilidade estava muito ruim com o temporal. Com muito esforço, pois a ventania estava forte demais, conseguiu se apoiar na proa do barco onde André estivera sentado. De bruços, mergulhou os braços em gestos afoitos e desesperados para encontrá-lo.

O pavor o tomou por inteiro. Aos berros, gritava o nome do amigo, pois esperava o pior. Gelou de pavor. Sentiu uma tristeza no peito que jamais soube existir e uma profunda dor o atingiu no coração.

Foi quando avistou André, que ergueu os braços e ficou se debatendo em movimentos desesperadores.

Ele estava longe demais do barco para Bernardo simplesmente puxá-lo com os braços e, embora soubesse do perigo que corria, mergulhou no mar para salvá-lo.

André, lutando desesperadamente pela vida, o agarrou pelo braço debaixo d'água, procurando um ponto de apoio para submergir.

Bernardo por pouco não foi tragado pela violência das ondas. Com rapidez e força, aproximou-se de André por trás, passou seu braço por baixo da axila e do queixo, mantendo-o assim com a boca fora d'água. Com o outro braço livre, tentou nadar de volta ao barco, com as pernas em movimento para ganhar impulso.

Com uma força que desconhecia possuir, elevou o corpo de André com os braços e o arremessou para cima do barco, mesmo que isso pudesse machucá-lo. A corrente de retorno, com seu refluxo traiçoeiro, ameaçava tragar Bernardo a qualquer momento.

O barco começou a adernar perigosamente, inclinando-se cada vez mais para os lados. Com André dentro do barco, Bernardo agora lutava para salvar a própria vida, pois era constantemente arremessado pelas ondas contra o casco da canoa batendo a cabeça violentamente. Um líquido vermelho escorreu pelo casco.

Dentro do seu coração, todavia, havia uma paz muito grande. Embora lutasse com todas as forças para sobreviver, uma grande paz de espírito tomou conta do seu ser. Os braços já não respondiam ao seu comando, parecia que o corpo estava cedendo e um forte torpor muscular pareceu paralisar todo o seu funcionamento.

Contudo, era na paz que sentia que Bernardo prestava atenção. Havia uma leveza, uma tranquilidade no seu coração, que ele pareceu ter resgatado depois de muito tempo. Levantou a cabeça com dificuldade extrema e avistou André no barco. Causou-lhe contentamento saber que havia salvo o amigo da morte.

O refluxo o puxou bruscamente e então o atirou contra o barco. Chocou-se violentamente contra o casco.

Uma série de ondas enfurecidas se chocavam contra a pequena embarcação, e uma delas arremessou o corpo de Bernardo para cima do bote. Ele despencou sobre o corpo de André, que respirava com dificuldade, pois havia engolido muita água. Tossia e sua boca e narinas espumavam.

Bernardo estava para desfalecer, sentia que não lhe restava muita força, sua cabeça doía e sangrava. Contudo, a estranha e inesperada sensação de paz não passou e apoderou-se do seu ser.

No entanto, sabia que André ainda precisava da sua ajuda, ele tinha espuma na boca e parecia respirar com extrema dificuldade.

Bernardo não soube como teve forças para se mover. Os ferimentos na cabeça sangravam e um dos braços parecia estar quebrado, suas pernas não respondiam aos seus comandos; contudo, o desejo de salvar André foi tão verdadeiro e profundo que eclodiu dentro do seu ser uma força que parecia estar latente, despertando nobres instintos, inabaláveis, e a vontade de querer fazer o bem lhe conferiu a força necessária. E foi assim, embora a dor fosse insuportável, que Bernardo jogou todo o seu peso sobre suas duas mãos, apoiadas uma sobre a outra, no peito de André, comprimindo o seu tórax repetidas vezes. Tampou o seu nariz e soprou ar na sua boca.

Porém, André não correspondia aos estímulos.

O barco era tão violentamente sacudido que Bernardo temeu que fossem arremessados de volta ao mar. Arrebatado pelo terror, agarrou-se a uma corda que amarrou a uma das pernas. Aflito, despejou todo peso do seu corpo sobre André e reiniciou todo o processo de reanimá-lo. Comprimia-lhe o tórax, soprava ar na sua boca. Em seguida abraçou o amigo rapidamente, mas com extremo carinho, em um gesto de profunda e verdadeira afeição.

E mais uma vez com toda a força que lhe restava, pressionou as duas mãos espalmadas sobre o peito de André, comprimindo o tórax seguidamente. Tampou o seu nariz e aplicou a respiração boca a boca. André tossiu e vomitou toda a água salgada que havia engolido, respirava ainda com dificuldade, mas aos poucos se acalmou e, embora ofegante, respirava normalmente.

— Bernardo! — ele gritou, como se o amigo estivesse ainda à deriva no mar.

Foi com uma alegria que jamais pensou sentir que André sentiu as mãos de Bernardo a tocar as suas. Sentiu a mais profunda felicidade em estar vivo. Nunca pensou que lutaria tanto pela vida, pois jamais soube que ela era tão preciosa.

Ao ver o amigo sangrando, esticou o braço com dificuldade e tentou se levantar para ajudá-lo, porém não teve forças.

Em seguida, avistou o céu, que aos poucos ia se abrindo. A tempestade estava passando. O mar se aquietou, o barco parecia não chacoalhar tanto e as ondas foram se acalmando lentamente. O Sol, embora tímido entre algumas nuvens, voltou a brilhar.

Com esforço, moveu-se devagar e, com muito sacrifício, deitou-se ao lado de Bernardo na outra extremidade do barco.

Em silêncio, ficaram a olhar para o céu, que lhes pareceu muito bonito naquele fim de tarde.

31
Nova vida

A cerração começou a cobrir toda a cidade durante a madrugada. De manhã, um denso nevoeiro ainda cercava toda a ilha. Florianópolis era como uma cidade nas nuvens. A Ponte Hercílio Luz parecia flutuar enquanto as torres da catedral, suspensas no ar, eram como que amparadas por mãos invisíveis. A neblina paralisou todo o transporte das lanchas que cruzavam o estreito. O trapiche Miramar dissolveu-se como por encanto enquanto o Mercado Público parecia levitar entre as nuvens.

Aos poucos, a névoa dissipou-se e o Sol apareceu forte.

O Mercado Público era o principal centro de compras e vendas da cidade. Inaugurado em 1851, ainda se encontrava à beira-mar. A necessidade de construí-lo nasceu com a inquietação das autoridades com o crescente número de quitandeiras ao redor da Praça XV, assim como todo tipo de comércio ao ar livre. Contruíram então o Mercado Público de Florianópolis para abrigar pequenos comércios, afastando assim os ambulantes das ruas e praças. Após 45 anos de intenso movimento e sucesso, o antigo prédio foi demolido e em 1899 foi erguida a primeira ala do moderno mercado. Em 1915, sobre um aterro, construíram a segunda ala, o vão central, as torres e a ponte que as interligam. Era no Mercado Público que André trabalhava.

Quase seis meses haviam se passado desde a tempestade em alto-mar. Vinícius e um grupo de pescadores em diversos barcos remaram mar adentro a fim de resgatar Bernardo e André. A baía sul da cidade sofreu grandes danos e grande parte da população teve suas casas destelhadas e inundadas, outras parcialmente destruídas.

Bernardo ficou dois meses internado no Hospital de Caridade, pois fraturou uma das vértebras. André nada sofrera e, com o amigo no hospital, passou ele a levantar de madrugada por dias, semanas e meses para ajudar Vinícius com a pescaria. Aperfeiçou a técnica e surpreendeu a todos. Contudo, foi na venda dos peixes que o namorado de Clara se destacou. Era comum os pescadores, assim que retornavam do mar, venderem os peixes para os atravessadores que os esperavam na praia, chamados de pombeiros. Pois André soube como ninguém negociar o preço do peixe, e o lucro da sociedade com Vinícius aumentou consideravelmente. Então, aos poucos, tomou coragem para negociar sem os pombeiros, diretamente com o Mercado Público. Com seu falar eloquente e gestos finos, causava tão boa impressão que não havia um quitandeiro que não quisesse comprar seus peixes. Ao cabo de algumas semanas, quando mais seguro de si na técnica da venda e da negociação, foi até o clube onde por anos fora sócio e campeão de campeonatos de tênis, e negociou com o diretor. Em pouco tempo, fornecia peixes para o restaurante do clube três vezes por semana.

Semanalmente, Clara e Vinícius visitavam Bernardo, que se mostrou felicíssimo com as novidades, desejando ardentemente sair logo do hospital para ajudar na sociedade.

Vera e Rômulo haviam se casado no Centro Espírita que frequentavam no Morro do Bode em uma cerimônia simples e emocionante. Exceto Bernardo, todos compareceram, inclusive dona Ana. O casal recém-casado foi morar na casa onde dona Diná havia morado no Morro do Bode, de onde continuavam a fazer o Evangelho no Lar.

Certa noite, após o culto do evangelho, Clara e Vera sentaram-se em um banco de onde podia se avistar toda a baía sul. Com lágrimas nos olhos, lembraram-se do dia em que visitaram dona Diná, sentando-se no mesmo banco.

Em seguida, Vera perguntou:

— Clara, por que o André não participa das nossas reuniões de estudo e da distribuição da sopa?

— Eu o convidei, claro — ela respondeu, com um suspiro. Em seguida, afastou um inseto com as mãos e disse:

— Vera, lembra-se da nossa conversa com a dona Diná sobre o momento certo, isto é, sobre a maturação de cada um, que é única e de como cada um de nós tem o seu momento certo de despertar?

— Como eu iria me esquecer? — Vera respondeu, jogando a cabeça para trás com um sorriso. — Pois foi uma das melhores tardes da minha vida!

— Pois é, Vera, o momento de André ainda não chegou. Talvez chegue por outras vias, quem sabe? Mesmo porque ele talvez queira seguir outra religião, o que no fundo não faz a mínima diferença, isto é, se irá ou não seguir alguma religião. Será que mesmo não seguindo nenhuma, mas sendo uma pessoa honesta e correta, caridosa e fraternal, já não basta para ser um bom cristão?

Vera concordou com um aceno de cabeça. Desviou o olhar para o pé de abacate e sentiu uma saudade atroz da bondosa Diná.

E ficaram a lembrar de momentos felizes que compartilharam.

— Saudade do chá de ervas! — Clara disse.

— Saudade do bolo de fubá! — retrucou Vera, com os olhos marejados de lágrimas.

Vera cravou os olhos úmidos em Clara e a abraçou, carinhosamente. Aproveitou o momento e chorou de saudade de dona Diná e dos pais, que havia tempos não via, pois tinham se mudado para o interior. Chorou de alegria por estar casada com Rômulo, com quem nutria o mais profundo respeito e admiração. Emocionou-se por estar casada e pela cumplicidade que tinha com o marido. Debulhou-se em lágrimas de felicidade por Clara e André estarem juntos e felizes, pelos amigos maravilhosos que granjeara, pelas lembranças que tinha de todos eles.

Ainda abraçada à amiga, sentiu saudade dos primos e dos almoços em família na casa dos avós no sul da ilha e aproveitou para chorar por tudo o que a emocionava.

Em uma prece sentida, agradeceu por tamanha felicidade, apesar de saber, no fundo, que reconhecer que se é feliz já constitui uma forma de gratidão.

32

Novos caminhos

O vento soprou-lhe de leve sobre o rosto. Ele viu como era belo o caminho que percorria, todo marginado de flores que pareciam ter luz própria, de uma claridade serena. Havia um perfume no ar que Bernardo não soube definir.

Livre do corpo denso na prostração do sono, o jovem parecia ter acentuado algumas de suas faculdades. Percebia detalhes antes invisíveis para ele, como os tons de vermelho de pequenas flores que cresciam na restinga que descia pelo monte até a estradinha que levava à praia. Ouvia com mais clareza sons que lhe aquietavam o íntimo, de tal forma que parecia se alimentar deles. O andar mais leve lhe dava a sensação de estar flutuando.

Avistou André sentado em um banco, que lhe retribuiu o sorriso. Estava com as pernas cruzadas e as mãos sobre o joelho, como lhe era peculiar.

Ao sentar-se ao lado do amigo, contemplou a natureza, silenciando as ansiedades e tormentos. O silêncio sempre lhe fez muito bem.

— O ruído é dos homens e o silêncio é de Deus — disse Bernardo à meia-voz.

André virou-se e lhe disse:

— Bernardo, sinto-me tão feliz!

— Eu também, amigo... — e o tocou de leve no braço. Avesso a sentimentalismos, o rapaz teve de se controlar para não chorar, pois na verdade era o que sempre fazia quando se emocionava. Concluiu, com certa surpresa, que nunca chorou de tristeza, mas sempre de emoção. Era capaz de sofrer a mais pungente das dores, porém elas não se manifestavam em lágrimas, talvez por temer piedade ou receio de incitar em si próprio autopiedade. A verdade é que a emoção lhe causava arrebatamento de tal magnitude que acionava mecanismos os quais não conseguia controlar, como o tremor de suas mãos e os olhos marejados. Saltavam lágrimas dos seus olhos ante uma beleza que o tocasse, fosse uma flor ou um momento de ternura com um ser que amava fraternalmente.

Fitou os belos olhos em André e, imediatamente, seus olhos marejaram. Havia uma força, esta manifestação na alma, a que as pessoas dão o nome de amor, que o emocionou. Estava ali ao lado daquele a quem um dia fizera tanto mal.

— André... — Bernardo falou, com a voz embargada —, como posso lhe pedir perdão? Como?

— Bernardo! Meu amigo... — André disse, com os olhos cravados naquele que o fitava com tão tristes olhos. — Perdão? Eu já lhe perdoei há muito tempo, há muito tempo....

— Mas eu lhe tirei a vida! Eu o... — e Bernardo não conseguiu concluir a frase, pois era muito doloroso dizer que havia feito tanto mal a uma pessoa.

— Sim — André lhe disse, com extrema ternura —, você desferiu um golpe fatal contra mim e eu desencarnei. Cego pela inveja, me tirou a vida. Ana tornou-se viúva e Ricardo, órfão de pai. Lembro-me de como você tomou posse do meu sítio e dos negócios, do prazer que sentiu ao tornar-se dono de escravos e de uma bela casa no centro da cidade, pois não era o que sempre acalentara?

Bernardo desviou para o chão o olhar tristonho. Não podia encarar André, pois tudo o que ele havia dito era a mais pura verdade.

Por um instante, André permaneceu calado. Observou um pássaro que trinou no jardim, gorjeando alegremente.

Com o coração tomado pela sombra da tristeza, Bernardo fez um gesto afirmativo com a cabeça. Não havia o que falar ou argumentar. Como refutar a verdade? O que mais havia para dizer sobre o que era de fato a realidade?

— Bernardo, eu sempre gostei do seu jeito calmo de ser, sabia? Desde o tempo em que eu ainda me chamava Frederico. Quando você falava, eu me acalmava apenas ouvindo a sua voz baixa, quase sussurrando. Apesar de não entender muito bem o que falava, você se lembra? Orlando tinha um sotaque açoriano muito forte! Demorei muito para me acostumar, você se lembra de como eu parecia perdido quando você e Ana começavam a conversar? Era como se falassem em uma língua estrangeira!

Ambos riram, e Bernardo conseguiu relaxar. Enxugou as lágrimas com o dorso da mão. Não tirava os olhos de André, como se esperasse dele as palavras que tanto ele desejou ouvir desde o dia em que o assassinou.

— André...

— Bernardo, acalme-se, meu amigo. Por favor. Você já sofreu muito, tanto que eu nem posso supor o quanto. Chega, basta. Não é verdade que sofreu muito? Pois bem, basta.

André fitou o amigo e, com os olhos úmidos, tocou-lhe no braço.

— Você acolheu Clara quando eu a abandonei, registrou o Pedro, livrando-o de futuros preconceitos. Sustentou tanto ela quanto o filho por anos, com amor e dedicação. Soube se desapegar quando me procurou, apresentando-me ao meu filho. Apesar da dor, soube renunciar ao seu mais profundo amor por Clara, quando nos reuniu novamente. Ensinou-me uma profissão para que eu pudesse sustentar a minha família dignamente. Amigo, pense bem... — e a emoção embargou-lhe a voz.

Calou-se por um instante, maravilhando-se com a claridade suave que filtrava-se por entre a folhagem.

De onde estavam, podia-se avistar o mar ao longe e ouvir a eterna arrebatação de suas ondas. A maresia espalhava pelo ar o cheiro de peixe e algas.

— André ...

— Bernardo — ele disse, interrompendo o amigo —, eu não terminei. Sei que tem aversão a sentimentalismo e foge de elogios, mas tenho de lhe dizer. Tenho de lhe confidenciar o que está aqui dentro de mim gritando para sair! Eu sei o quanto foi difícil para você, nem posso imaginar o quanto! Mas sei o que você também fez de bom para mim. A minha felicidade hoje é testemunha de todo o bem que você me faz! Saiba que passou pela tentação de me matar de novo e que resistiu a ela. Um dia, Bernardo, você me tirou a vida, mas em um outro dia me salvou da morte quando eu poderia ter me afogado na tormenta que sofremos naquele dia em alto-mar. Amigo, se eu lhe perdoo? É essa a resposta que você tanto deseja ouvir de mim? Não tenho lhe dado essa resposta com meu olhar, com a minha gratidão, com o testemunho do bem-estar que sinto, da felicidade estampada no rosto?

A expressão da sua face iluminou-se de ternura. Bernardo então entendeu que André havia lhe perdoado, pois dele irradiava uma luz suave, que conferia ao amigo a mais profunda paz de espírito.

Ficaram em silêncio contemplando a bela vista do parque. O azul do céu ia clareando aos poucos e as últimas estrelas apagaram-se, pois estava para nascer um novo dia.

※

O dia amanheceu com uma leve cerração, que foi se dissipando aos poucos, revelando o céu de um azul belíssimo e de poucas nuvens.

Bernardo se recuperou bem e rápido da fratura de uma das vértebras. Ainda morava com Vinícius no cortiço, embora Clara, André e Pedro tivessem se mudado para uma pequena casa no Largo do Fagundes.

Os negócios estavam indo muito bem e lhe deu uma profunda e verdadeira satisfação saber que André estava feliz. Causava-lhe comoção vê-lo cuidando tão bem de Clara e do filho.

Após a borrasca ter atingido toda a baía sul da cidade, muitas casas foram danificadas pelo vendaval, inclusive o cortiço onde moravam. As autoridades aproveitaram os danos nos imóveis para demoli-los para a construção de uma avenida, e o prazo para que todos mudassem estava se acabando. Clara e André já haviam deixado o cortiço. Madame Lalá transferiu-se para a Toca, não muito longe do Largo 13. E, em breve, Bernardo e Vinícius teriam de arrumar outro lugar para morar.

Numa noite de sexta-feira, Vinícius havia ido ao baile com Júlia, com quem voltou a namorar firme, e a sensação de solidão pareceu ainda maior para Bernardo. Todo o corpo do rapaz doía, uma forte enxaqueca o forçou a deitar-se na cama. Abraçou o travesseiro do amigo contra o seu peito, como se despedisse de Vinícius.

A ideia de deixar Florianópolis cresceu quando recebeu uma carta de um primo que morava no sul do Estado de Santa Catarina, convidando-o para ser seu sócio em um barco pesqueiro.

Sair da cidade o aterrorizava, mas ao mesmo tempo lhe apontava um caminho para recomeçar a vida.

Bernardo estava com quase trinta anos e nunca havia morado fora da ilha. A ideia de cruzar a Ponte Hercílio Luz vinha lhe tirando o sono fazia muito tempo, desde quando foi hospitalizado. Pela janela do Hospital de Caridade, podia se avistar uma parte da ponte no lado continental da cidade.

Despertou então o desejo de cruzá-la, pois seu coração já lhe permitia tais devaneios. Clara e André estavam bem, e Pedrinho tinha um pai.

Havia um sentimento, quase uma intuição, que lhe dizia que tinha cumprido uma missão. Não somente em relação a Pedro, mas ao casal. Não sabia explicar, muito menos compreender tal sensação; porém algo muito profundo lhe dava a certeza de ter levado a cabo uma missão. Era gratificante ver André trabalhando para cuidar de sua pequena família. Foi com alegria que lembrou que agora André, em virtude do seu tino comercial, era dono de um ponto no Mercado Público de Florianópolis em sociedade com o seu cunhado Rômulo. Além de venderem os peixes da sociedade no mercado, negociavam com clubes e restaurantes por toda a ilha.

O coração de Bernardo ia embora de Florianópolis feliz e em paz. As coisas iam se ajeitando aos poucos, como o pó que insiste em levantar voo, mas que com o tempo vai serenando e eventualmente baixa.

"Mas, e Vinícius?", ele pensou tristonho.

A ideia de separar-se do amigo o incomodava profundamente, pois não podia conceber a ideia de viver sem Vinícius. Porém, sabia que ele estava feliz com Júlia, já que ambos tinham ficado noivos.

Como se cortasse os próprios pulsos, Bernardo pegou uma folha de papel e uma caneta-tinteiro e escreveu uma longa carta de despedida para aquele de quem não queria se despedir jamais.

Bernardo nunca sentiu tanta solidão em sua vida, tanta dor. Quando colocou o ponto final na carta, pensou em rasgá-la e esquecer-se da louca ideia de deixar a ilha. No dia seguinte acordaria como todos os dias, de madrugada, e, juntos, ele e Vinícius iriam pescar, olhar as estrelas e a Lua. Ficariam em silêncio, apreciando as obras de Deus. Iria ser um dia como outro qualquer e não contaria a ninguém que um dia pensou em deixá-los.

Sentou-se em uma cadeira. Olhou para a cama, reparou na janela quebrada que um dia prometeu arrumar, avistou a jaqueta de Vinícius, que estava sobre uma cadeira, e, em cima da mesinha, uma foto que tirou com ele e Clara na Praça XV, com um lambe-lambe. Tirara a foto algumas semanas depois da fatídica noite com Susana e seu comparsa. Contudo, ele parecia feliz na foto. Clara estava no meio dos dois rapazes e vestia o vestido rosa de que Bernardo tanto gostava; aquele que ela vestia quando ele a pediu em namoro. Ele sorria na foto, com uma camisa azul-clara de mangas curtas, presente de Vinícius.

Bernardo pegou o retrato nas mãos e o levou contra o peito.

— Clara! Vinícius! — ele disse, emocionado.

As lágrimas saltaram dos olhos do rapaz. Tocou a foto com um dos dedos. Sentiu uma saudade atroz dos amigos, e ainda nem havia deixado a ilha.

Com o retrato contra o seu peito, levantou-se, pedindo a Deus que lhe desse forças, pois pensou mais uma vez em desistir. Sentiu que iria desfalecer, então se encostou à parede.

O cortiço estava quase todo desocupado. Era estranho andar pelos seus corredores escuros e silenciosos. Não se ouviam mais as crianças a correr brincando de bola, nem os gritos de suas mães anunciando que a comida estava pronta. Não se escutavam mais as risadas estridentes de madame Lalá ao subir e descer as escadas, e nunca mais o Largo 13 seria o mesmo. Largas e modernas avenidas seriam construídas. Nos jornais, falavam da necessidade de aterrar toda aquela região, e

Bernardo lembrou-se de ter conversado com Susana sobre esse assunto. Em breve, não haveria um vestígio sequer das velhas quitandas e cortiços do Largo 13.

Ao olhar para o retrato com Clara e Vinícius, Bernardo despediu-se de Florianópolis. Causou-lhe a mais profunda tristeza pousar o porta-retrato em cima da mesa. E antes que desistisse, pegou a pequena mala e deixou a carta de despedida sobre o travesseiro.

Quando Vinícius voltou para o cortiço, encontrou o quarto vazio. Em cima de sua cama, havia um envelope.

E naquele exato momento um ônibus cruzava a Ponte Hercílio Luz, sob o manto constelado da noite.

33
Alegria de viver

Irmão Teodoro caminhava por Florianópolis, sereno em suas rondas costumeiras, ao lado de um discípulo. Tocou de leve no braço do irmão Antônio, dizendo-lhe:

— *Florianópolis nunca cessa de me encantar, como se a cada visita se repetisse o mesmo arrebatamento da primeira vez.*

Caminhavam pelas ruas da cidade. Por entre as casas, filtrava-se a luz do Sol que brilhava forte. Pareceu ao benfeitor que aquele seria um belo dia.

Era cedo ainda, e ele reparou que já havia alguns idosos mastigando a dentadura embaixo da figueira. Havia um deles que estava inclinado acariciando um cachorro que, contente, abanava o rabinho. Sentado em outro banco, um senhor dedilhava uma caixa de fósforos, cantarolando uma canção.

Ao longe, reconheceu Vera e Rômulo, que compravam roupas para o bebê que já ia nascer. Ao virar a esquina, viu com que alegria o senhor Cláudio comprava mantimentos para a sopa.

Logo adiante, irmão Teodoro chamou a atenção de Antônio para o senhor Augusto, aquele herói que a história desconhecia. O pobre senhor que recolhia animais abandonados e tratava deles como se fossem seus filhinhos na chácara que tinha no sul da ilha. O benfeitor também mostrou ao discípulo a dona Cláudia, uma senhora que, com seu salário de lavadeira, havia adotado dez crianças que viviam nas ruas da capital.

À luz brilhante do dia, caminharam em silêncio. Irmão Antônio maravilhou-se com os pássaros e admirou os garapuvus que haviam florescido e colorido de amarelo toda a cidade de Florianópolis. Achou um encanto as pequenas belezas que encontrou no caminho, e um arrebatamento o tomou por inteiro ao tocar as pétalas aveludadas da orquídea *Laelia purpurata*. O voo das gaivotas rente ao mar lhe trouxe doces lembranças do passado ao mesmo tempo em que admirava as belezas que revelavam e manifestavam a presença do Criador.

Irmão Teodoro também se deixou levar pelos encantos do dia despercebidos por muitos, como as flores nas praças públicas. Achou Deus de uma profunda sutileza ao criá-las.

"Como era importante", ele pensou, *"afastar o secundário para melhor admirar o essencial. Afastar as distrações das preocupações diárias, das ilusões e da pressa. Parar um instante e admirar a sublime*

beleza de uma flor, o voo de um pássaro, inebriando-se com os esplendores da criação divina."

O benfeitor tinha os olhos úmidos, pois tudo o que era belo o emocionava.

— *Os esforços que realizamos para cumprir as nossas missões trazem uma satisfação única* — explicou irmão Teodoro ao jovem discípulo Antônio —, *o sentimento do dever cumprido. Não há paz maior, alegria mais sublime do que saber que cumpriu a sua parte na sua própria evolução e na de seus irmãos, pois nunca se evolui sozinho, o progresso é uma obra coletiva! Sabe, filho, o mal que comete um espírito o prende àquele que prejudicou em elos e vínculos que os ligam a outros seres, e, por meio das expiações e reparações, o progresso se dá com a assistência mútua, pois um colabora com o progresso espiritual do outro. É ajudando que se é ajudado e amando que se é amado. Nos elos e vínculos que unem os seres, realiza-se a evolução não só das pessoas, mas como de todo o planeta.*

Ao caminhar pelo Largo do Fagundes, avistou Clara conversando com um senhor. Parecia muito feliz e esperava seu segundo filho. Pedro, acompanhado do pai, aproximou-se. O benfeitor admirou-se em ver como ele estava cada vez mais parecido com André. Pareceu-lhe que o rapaz não cabia em si de felicidade, pois tal alegria refletia-se em seus gestos e semblante.

"A felicidade, quando verdadeira, é contagiante. Irradia-se pelos poros, expande-se do interior para fora com o bem-estar, que lhe é característico", pensou o benfeitor, envolvendo aquela pequena família com a sua luz de amor.

Irmão Teodoro caminhou rumo à pequena Igreja do Rosário. A brisa da manhã soprava de leve sobre seu rosto. Um fato lhe chamou a atenção, pois avistou uma entidade espiritual no alto da Igreja Nossa Senhora do Rosário. Ao subir os 83 degraus, deparou, com indescritível alegria, com o espírito do grande pintor Victor Meirelles.[21]

Ele tinha acabado de dar a pincelada final no quadro e sorria contente. Mostrou a obra para o benfeitor, que chegou bem perto para ver.

"Mas o que é isso? Não consigo entender nada! Para mim, isso não passa de um borrão disforme! O que são essas manchas? E esses riscos e curvas?", pensou o benfeitor, intrigado.

Foi com o sorriso do velho pintor que irmão Teodoro entendeu por que não conseguia entender o que Victor Meirelles havia pintado, pois estava olhando o quadro de perto demais. Era preciso se distanciar para poder entender.

Foi quando deu alguns passos para trás que irmão Teodoro maravilhou-se com o que viu. Seus olhos se encheram de lágrimas ante a beleza da pintura.

— *Que belo quadro! Olhe, irmão Antônio, que beleza! Ah, então aquele risco era o mar! E aquela mancha branca era uma igreja! Aquele rabisco era a Baía Sul! Agora tudo faz sentido, agora as peças se encaixam! Tudo ficou claro, agora!*

Ficaram conversando sobre o quadro. Victor Meirelles havia pintado a tela *Vista do Desterro* no século XIX, quando ainda estava encarnado, no alto da escadaria do Rosário. Contou ao benfeitor e seu discípulo que, ao pintar o mesmo quadro muitos anos depois, algo o supreendeu, pois a vista da baía sul continuava a mesma de antes, com os mesmos telhados, as únicas e belas torres da catedral assim como as montanhas

---

21. Nota do autor: Pintor, desenhista e professor. Nasceu em Desterro em 1832 e desencarnou no Rio de Janeiro em 1903. No século XIX, do alto da escadaria do Rosário, pintou "Vista do desterro", retratando toda a baía sul.

circundando toda a orla continental. Victor havia notado que muito pouco mudara desde quando a cidade se chamava Nossa Senhora do Desterro.

O bom velhinho tocou carinhosamente o ombro do grande pintor e lhe falou, sorrindo:

— *Graças a Deus!* — e com um abraço afetuoso, despediram-se.

Antônio foi prestar assistência espiritual a uma senhora que havia adoecido, enquanto Teodoro foi caminhar à beira-mar, pois o mar sempre lhe fazia muito bem.

As ondas avançavam e recuavam, espalhando sua espuma branca por toda a praia. O vento que o mar soprava lhe acariciou a face, proporcionando profunda paz ao benfeitor. A túnica parecia que iria se descolar do corpo e levantar voo. Os pés quase nem tocavam na areia fofa da praia.

"É a alegria", pensou o bom velhinho, *"a alegria da vida! A alegria de dela fazer parte. E da sagrada comunhão com o Divino. A alegria! A alegria de viver! Não há como não se sentir envolvido no amor de Deus!"*

O benfeitor sentiu-se tomado de uma profunda tranquilidade. Observou um pequeno barco, que, ao atracar no trapiche Miramar, produziu pequenas ondas. Um grupo de crianças que nadava nas águas rasas ao redor do cais pulava as marolas com indescritível alegria.

— Um, dois, três... — elas gritavam, contando quantas ondas conseguiam pular.

Em seguida, avistou Clara, com o marido e o filho. Enquanto André e Pedro caminhavam pelo trapiche, a moça se sentou em um dos bancos. Dali se tinha uma vista magnífica da Ponte Hercílio Luz, que reluzia ao sol forte.

O benfeitor sentou-se ao lado da jovem, os dedos entrecruzados sobre a perna, deixando transparecer no olhar profunda paz. Teodoro notou como ela acariciava o bebê que crescia dentro de si, abençoando aquele que iria reencarnar. Então, ouviu Clara conversar com o seu futuro filho:

— Venha, estamos aguardando-o, meu anjo. Prepare-se, entretanto, pois irá se deslumbrar com as belezas desta terra. Verá o que Deus criou para nos alegrar e encher os nossos olhos. Venha, pois a vida é tão bela que merece ser vivida! Verá como não estou mentindo, muito menos exagerando. Venha, meu filho, para que se cumpra a vontade do Criador.

Teodoro reparou nos olhos úmidos de Clara e no aceno carinhoso para Pedro no trapiche, que, ao lado de André, estava maravilhado com o voo de um atobá que suavemente plainava em círculos para depois mergulhar velozmente n'água, em um gesto brusco. O garotinho começou a admirar as pequenas grandes belezas e, com indisfarçável felicidade, deixou que o pai o pegasse nos braços e o rodopiasse no ar.

Clara agradeceu a Deus por tamanha felicidade em uma prece comovente, que o benfeitor acompanhou comovido.

— Venha, mamãe! O papai vai nos levar para um passeio de barco! — gritou Pedro.

Teodoro avistou a pequena canoa. André tinha os remos nas mãos e sorriu quando Clara sentou-se na proa. A criança soltou um grito de alegria quando o barco moveu-se, afastando-se do cais Miramar. O rapaz remou abrindo veios nas águas, enquanto seu olhar pousava sobre a moça, que tinha os dedos imersos na água a sentir a força da corrente de encontro à sua mão. Lembrou-se de quando a levou para passear de barco quando se conheceram, recordando da alegria dela em ver a ilha a distância pela primeira vez! Reparou em como ela parecia feliz, notou como a felicidade parecia rejuvenescer as pessoas e achou Clara a mais bela das mulheres.

O benfeitor acompanhou o barco, que se afastou rumo ao mar aberto.

— *Que beleza é a vida* — disse ele em voz alta —, *e que belos são os seres que aqui habitam. Espíritos encarnados e não apenas um conjunto de células. Espíritos com histórias para contar, alegrias e dores, luz e sombra, iluminados pela centelha divina a brilhar dentro de cada um.*

O bom velhinho tinha os olhos marejados, e uma luz suave irradiava de todo o seu ser. Sentiu a brisa boa do mar a lhe tocar o rosto, despenteando os cabelos brancos. Seu rosto subitamente se acendeu em um sorriso, já que coisas simples assim lhe traziam tranquilidade e uma profunda sensação de bem-estar.

— *Há sabedoria em todas as coisas* —falou baixinho consigo —, *seja no eterno vaivém das ondas, nas estações do ano ou mesmo no esforço de um pássaro para construir seu ninho. Há sabedoria nas lágrimas, no vento e até mesmo em um botão de rosa que se abre. Nada é em vão, nada é inútil.*

Inebriado pelas maravilhas tanto das pequenas quanto das grandes criações, Teodoro aprendeu a amar a vida. Sua admiração pela suprema inteligência de Deus crescia a cada dia, e a compreensão da vida revelava-se na sua alegria de viver, pois bastava uma folha se mover no galho de uma árvore para se observar ali a presença do Criador, o que lhe trazia a mais profunda paz.

Comovido, apertou os olhos marejados. Deixou a cabeça pender para trás, escutando a música divina que era o som do mar batendo em cheio nas pedras.

fim

Fontes e bibliografia

ESPIRITISMO

Céu e Inferno. Allan Kardec, Rio de Janeiro: FEB.

Justiça Divina. Emmanuel /Chico Xavier, Rio de Janeiro: FEB.

O Evangelho Segundo o Espiritismo. Allan Kardec, São Paulo: Petit.

FLORIANÓPOLIS

Antonieta de Barros (Maria da Ilha). *Farrapos de ideias*. Florianópolis: Imprensa Oficial do Estado de Santa Catarina.

Beatriz Pellizzetti. *Memórias de um italiano na Revolução de 1930 em Santa Catarina*. Blumenau: Editora da FURB.

Carlos Humberto Correa. *Um estado entre duas repúblicas*. Florianópolis: Editora da UFSC.

Carlos Humberto P. Correa. *História de Florianópolis*, Florianópolis: Insular.

Eliane Veras da Veiga. *Florianópolis, memória urbana*. Florianópolis: Editora da UFSC.

Evaldo Pauli. *A fundação de Florianópolis*. Florianópolis: Editora da UDESC.

Franklin Cascaes. *O fantástico na Ilha de Santa Catarina*. Florianópolis: Editora da UFSC.

Glauco Carneiro. *Roteiro da Ilha Encantada*. São Paulo: Editora MASP.

Henrique Fontes. *A beata Joana de Gusmão*. Florianópolis: Impressa Oficial do Estado de Santa Castarina.

Henrique Fontes. *O irmão Joaquim*. Florianópolis: Editora do Autor.

Jornal *O Estado*. Florianópolis: SC.

Jornal *República*. Florianópolis: SC.

Oswaldo R. Cabral. *História de Santa Catarina*. Florianópolis: Editora do Estado de Santa Catarina.

Virgílio Várzea. *Santa Catarina, a ilha*. Florianópolis: Lunardelli.

Walter Piazza. *A epopeia acórico-madeirense*. Florianópolis: Editora da UFSC

Walter Piazza. *O negro na Ilha de Santa Catarina*. Florianópolis: Lunardelli.

Walter Piazza. *Santa Catarina, sua história*. Florianópolis: Editora da UFSC.

Notas

CAPÍTULO 1

A frase "A terra é mais que boa, quem disser o contrário mente" é de autoria de Francisco Dias Velho, escrita em 20 de abril de 1680, colhida no livro *A fundação de Florianópolis*, de Evaldo Pauli. Florianópolis: Editora Lunardelli.

"Há nos refolhos da alma a presença de Deus, como luz coagulada." De Joanna de Ângelis, psicografada por Divaldo Franco, no livro *Plenitude*, capítulo 5, Salvador: Editora Leal.

A frase "O remorso é o único inferno do homem" foi colhida no livro *Memórias do Padre Germano*, capítulo 1, de Amália Domingo Soler. Editora FEB.

No livro de Martins Peralva, *O pensamento de Emmanuel*, capítulo 37, encontra-se a frase: "O mal praticado vem a cavalo, e o remorso na garupa." Editora FEB.

CAPÍTULO 2

A citação de Santo Agostinho foi colhida no Livro 11 de *Confissões*. São Paulo: Editora Nova Cultural.

J. W. Dunne e sua tese sobre o tempo foram anotações colhidas no livro *A memória e o tempo*, de Hermínio C. Miranda. Editora Lachatre.

CAPÍTULO 3

"Florianópolis vem de *flor*, não de Floriano" é de autoria de Júlio de Queiróz e foi colhida no livro *Florianópolis — Roteiro da Ilha Encantada*, de Glauco Carneiro. Editora MASP.

Achou Florianópolis de "uma melancolia típica de uma tarde de outono." Frase de Brás Cubano colhida na matéria "Cinema ao ar livre", publicada no Jornal *O Estado*, de Florianópolis, em 2 de abril de 1930.

A frase "em cada encontro há um pouco de destino" é de autoria de Wladimir Lindenberg e foi colhida no livro *Trinta anos com Chico Xavier*, de Clóvis Tavares. Editora Instituto de Difusão Espírita.

CAPÍTULO 4

"...a ponte que ligava o nada a coisa nenhuma..." foi colhida no capítulo 17 do livro *Florianópolis — Roteiro da Ilha Encantada*, de Glauco Carneiro. Editora MASP.

CAPÍTULO 5

"Depois do poder de Deus, a dor é a única força capaz de alterar o rumo de nossos pensamentos, compelindo-nos à indispensáveis modificações." Essa frase encontra-se no livro *Entre a Terra e o céu*, capítulo 21, de André Luiz, psicografado por Chico Xavier. Editora FEB.

"A evolução espiritual é uma caminhada que não se faz ao preço de vãs promessas", de Martins Peralva, colhida no seu livro *O Pensamento de Emmanuel*, capítulo 8. Editora FEB.

CAPÍTULO 8

"Era indispensável que o espírito aprendesse a ser grande nas tarefas humildes para que soubesse ser humilde nas grandes tarefas."

Frase colhida no livro *Justiça divina*, de Emmanuel/Chico Xavier, capítulo "Tarefas humildes". Editora FEB.

CAPÍTULO 9

"... almas afins se buscam sempre que separadas." Essa frase encontra-se em *O Consolador*, capítulo 3, item 323, escrito por Emmanuel e psicografado por Chico Xavier. Editora FEB.

CAPÍTULO 11

"Não desprezes o poder da migalha na obra do auxílio." Frase colhida no capítulo 20 do livro *Estude e viva*, de Emmanuel/Chico Xavier. Editora FEB.

CAPÍTULO 12

"Cuide do bem, e o bem cuidará de você." Em *Justiça Divina*, capítulo "Na lei do bem", de Emmanuel/Chico Xavier. Editora FEB.

"...cada espírito trazia em si sua claridade ou sua sombra, seu paraíso ou seu inferno." Frase de Léon Denis, colhida no livro *O problema do ser, do destino e da dor*, capítulo 24 da Terceira Parte. Editora FEB.

"Para julgar uma coisa, é preciso ver as suas consequências." Frase retirada da codificação de Allan Kardec em *O Evangelho Segundo o Espiritismo*, capítulo 5, item 24. Editora Petit.

"Nem sempre o socorro de cima surge em forma de manjar celeste." Frase colhida no capítulo 100 do livro *Pão Nosso*, de Emmanuel/Chico Xavier. Editora FEB.

"Não me canso de admirar os desígnos da Providência que do mal faz sair o bem." Ensinamento colhido na pergunta de número 783 de *O Livro dos Espíritos*, de Allan Kardec. Editora Petit.

CAPÍTULO 15

"Aqueles conceitos caíam-lhe no coração ferido como bálsamo precioso." Frase de Emmanuel no livro *Renúncia*, capítulo 1, da Segunda Parte, psicografada por Chico Xavier. Editora FEB.

"Aceitar a realidade tal qual era representava um ato benéfico em sua vida." Frase de Hammed colhida no livro *Renovando atitudes*, capítulo "A arte da aceitação", psicografado por Francisco do Espírito Santo Neto. Editora Boa Nova.

CAPÍTULO 16

"A beleza de um minuto nos ensina, muitas vezes, a povoar de alegria e de luz a existência inteira." Frase de Meimei, colhida no livro *O espírito da verdade*, capítulo 7, psicografado por Chico Xavier e Waldo Vieira. Editora FEB.

CAPÍTULO 19

"O homem não possui de seu senão o que pode levar desta vida." Frase retirada da codificação de Allan Kardec em *O Evangelho Segundo o Espiritismo*, capítulo 16, item 9. Editora Petit.

"As humilhações a que os negros eram submetidos eram de fato lamentáveis, todavia, eram lamentáveis para quem as cometia e não para quem as recebia." Frase de George Washington Carver, colhida no livro *O pequeno laboratório de Deus*, de Hermínio C. Miranda, capítulo 50. Editora Lachatre.

CAPÍTULO 22

A frase "o pequeno céu de sua alma" foi colhida no livro *Caminho de perfeição*, de Teresa de Ávila. Editora Loyola.

CAPÍTULO 25

"O homem jamais é tão forte do que quando sente a sua fraqueza; ele pode tudo empreender sob o olhar de Deus." Frase de Fénelon, colhida na *Revista Espírita*, Oitavo Ano, 1865. Editora FEB.

"O amor, quando autêntico, dá testemunho da sua fidelidade." Frase de Bezerra de Menezes colhida no livro *Nas fronteiras da Nova Era*, de Suely Caldas Schubert, capítulo 16, página 451, Santo André, Editora EBM.

CAPÍTULO 27

"Tudo se resgata e repara pela dor." Frase de Léon Denis colhida no livro *O problema do ser, do destino e da dor*, Terceira Parte, capítulo 26, "A dor". Editora FEB.

CAPÍTULO 28

"...estranhos castiçais humanos...", de Virgílio Várzea, no livro *Santa Catarina — a Ilha*. Florianópolis - Editora Lunardelli.

CAPÍTULO 30

"Uma só atitude poderia quebrar a corrente cármica: o amor." Encontra-se no capítulo 4 do livro *Candeias na noite escura*, de Hermínio C. Miranda. Editora FEB.

"... e era pela soma de amor acumulada no ser que ele poderia avaliar o caminho que tinha andado até Deus." Autoria de Léon Denis no livro *O problema do ser, do destino e da dor*, Terceira Parte, capítulo 25, "O amor". Editora FEB.

CAPÍTULO 32

"O ruído é dos homens e o silêncio é de Deus", de Léon Denis, colhida no livro *O grande enigma*, capítulo 13 da Segunda Parte. Editora FEB.

CAPÍTULO 33

"O progresso é uma obra coletiva." Frase colhida no livro *Crônicas de além-túmulo*, capítulo 33, de Humberto de Campos (irmão X), psicografada por Chico Xavier. Editora FEB.

Você já descobriu a sua luz interior?

Vidas que se entrelaçam; oportunidades e chances que são oferecidas a todos.

Quando as pessoas são surpreendidas pelo desencarne de uma pessoa querida é comum que entrem em desespero. Não foi diferente com Raul, um dos personagens centrais desse romance, que conhece o fundo do poço quando sua jovem esposa parte dessa existência terrena vítima de uma doença fatal. Encontros, esperança, novas oportunidades... Todos nós temos uma luz interior capaz de nos reerguer.

Sucesso da Petit Editora!